Dr. ALFRED TOMM

MECHANISIERUNG, AUTOMATISIERUNG UND ARBEITSPRODUKTIVITÄT

Dr. ALFRED TOMM

MECHANISIERUNG, AUTOMATISIERUNG UND ARBEITSPRODUKTIVITÄT

Sozialökonomische Auswirkungen und Probleme der statistischen Erfassung

AKADEMIE-VERLAG · BERLIN
1958

Erschienen im Akademie-Verlag GmbH, Berlin W 8, Mohrenstraße 39

Lizenz-Nr. 202 · 100/430/58 · ES 5 B 4
Satz und Druck: Druckhaus „Maxim Gorki", Altenburg
Bestell- und Verlagsnummer 5313
Printed in Germany

INHALTSVERZEICHNIS

VORWORT

Soweit bisher in der wirtschaftswissenschaftlichen Literatur Probleme der Mechanisierung und Automatisierung von Produktionsprozessen behandelt wurden, geschah dies größtenteils in Form von Artikeln in Fachzeitschriften und in der Tagespresse. Die Thematik beschränkte sich hauptsächlich auf Einzelfragen über den Inhalt und die Bedeutung der Mechanisierung und Automatisierung anhand von Beispielen. So wichtige Probleme, wie die Auswirkungen der Mechanisierung und Automatisierung auf die Elemente des Arbeitsprozesses, die Kennziffern des ökonomischen Nutzeffekts der Mechanisierung und Automatisierung, der Zusammenhang zwischen Mechanisierung und Automatisierung und Steigerung der Arbeitsproduktivität u. ä. wurden größtenteils nur angedeutet. Das gleiche trifft für die betriebliche und überbetriebliche Ermittlung von Kennziffern des Mechanisierungs- und Automatisierungsgrades sowie für Kennziffern des ökonomischen Nutzeffekts der Mechanisierung und Automatisierung zu.

In vorliegender Arbeit hatte sich der Verfasser die Aufgabe gestellt, das verstreute Material über diese Fragen zu systematisieren, auszuwerten, zu ergänzen und zu verallgemeinern[1]). Gleichzeitig wurde versucht, statistische Methoden der Erfassung und Auswertung des Standes und der Veränderung der Mechanisierung und Automatisierung zu entwickeln, die für die Betriebe und überbetrieblichen Organe als Hilfe und Anleitung zur Verbesserung ihrer wirtschaftlich-organisatorischen Tätigkeit gedacht sind. Ausgehend von der politisch-ökonomischen Bedeutung der Mechanisierung und Automatisierung für die Verbesserung der Arbeit der Betriebe und die Festigung unseres Arbeiter- und Bauernstaates wurde das Schwergewicht der Untersuchung auf die Auswertung von betrieblichen Erfahrungen hinsichtlich der Ermittlung des Einflusses der Mechanisierung und Automatisierung auf die Steigerung der Arbeitsproduktivität und den Arbeitskräfteeinsatz gelegt.

Die der Arbeit zugrunde liegenden Beispiele aus volkseigenen Industriebetrieben wurden vom Verfasser selbst in Verbindung mit der Lösung von Aufgaben in der

[1]) Es war ihm in einigen Fällen nicht möglich, die angeführten Zitate in Primärquellen nachzuweisen, da ihm diese nicht zur Verfügung standen. Wegen ihres hohen Aussagewertes konnte jedoch auf sie nicht verzichtet werden.

Abteilung Arbeitskräfte und Löhne der Staatlichen Zentralverwaltung für Statistik seit dem Jahre 1952 durchgeführt. Da die Sowjetunion in der Automatisierung der Produktion große Erfolge aufzuweisen hat, konnten auch Beispiele aus der Praxis der sowjetischen Industrie ausgewertet werden.

Bei dem Umfang des gestellten Themas blieb es nicht aus, daß eine Reihe von Fragen, beispielsweise die Auswirkungen der Mechanisierung und Automatisierung auf die stoffliche Masse und den Wert der Arbeitsgegenstände sowie der Arbeitsmittel, nur angedeutet werden konnte bzw. offen blieb. Nicht zuletzt wurde durch die ungenügenden Erfahrungen der volkseigenen Betriebe auf dem Gebiet der Automatisierung die Untersuchung bestimmter Fragen eingeschränkt. Es bedarf weiterer Forschungen durch Wissenschaftler und erfahrene Praktiker in einzelnen Betrieben und Wirtschaftszweigen, um die sozial-ökonomischen Auswirkungen, den ökonomischen Nutzeffekt und die betrieblichen und überbetrieblichen Methoden der statistischen Ermittlung des Standes und der zeitlichen Veränderung der Mechanisierung und Automatisierung tiefreichend zu analysieren und zu konkretisieren.

EINLEITUNG

Die Werktätigen der Deutschen Demokratischen Republik bewiesen durch ihre aufopferungsvolle Arbeit nach Niederschlagung des Hitlerfaschismus, daß auch ohne Ausbeuter ein mächtiger Aufschwung der Produktion möglich und die neue Gesellschaftsordnung die der kapitalistischen überlegen ist. Der erfolgreiche Aufbau unserer Wirtschaft in der Nachkriegszeit führte zur Festigung der sozialistischen Betriebe und Einrichtungen. Ihre zerstörten Produktionsanlagen wurden in relativ kurzer Zeit wiederhergestellt und erweitert. Die arbeitenden Menschen in unserer Republik wurden Eigentümer von Betrieben und Einrichtungen und nahmen die Entwicklung des gesellschaftlichen Lebens in ihre eigenen Hände. Sie stellen, befreit von der Ausbeutung und der Arbeitslosigkeit, eine mächtige Kraft dar, die unter Führung der Partei der Arbeiterklasse bewußt und planmäßig die gesellschaftlichen Produktivkräfte entwickelt. Die Beseitigung des Widerspruchs zwischen der gesellschaftlichen Produktion und der privat-kapitalistischen Aneignung im sozialistischen Sektor der Wirtschaft führte zu einer weitgehenden Übereinstimmung der gesellschaftlichen Produktionsverhältnisse mit dem Stand der gesellschaftlichen Produktivkräfte. Die neuen fortschrittlichen Produktionsverhältnisse, die als Eigentumsverhältnisse in den volkseigenen und genossenschaftlichen Betrieben ihren Ausdruck finden, stehen der Entwicklung der gesellschaftlichen Produktivkräfte, z. B. der Einführung der modernen Produktionstechnik, der Anwendung fortschrittlicher Arbeitsmethoden, der Hebung des kulturell-technischen Niveaus der Werktätigen usw. nicht im Wege; im Gegenteil: die neuen sozialistischen Produktionsverhältnisse fördern aktiv die Entwicklung der gesellschaftlichen Produktivkräfte. Der überzeugende Beweis hierfür ist der beschleunigte Aufbau und Ausbau der durch den zweiten Weltkrieg zerstörten Wirtschaft, die in freundschaftlicher Zusammenarbeit mit der Sowjetunion und den anderen sozialistischen Ländern ohne ausländische Verschuldung erfolgte.

Trotz der Spaltung Deutschlands, die eine ungünstige Verteilung der sachlichen Produktivkräfte nach sich zog, wurde ein bisher in Deutschland noch niemals dagewesener Aufschwung der Wirtschaft erzielt. So ist die industrielle Bruttoproduktion in den Jahren 1950—55 um 89,6 Prozent angestiegen. Sie lag im Jahre 1955 bereits um 109,6 Prozent über dem Niveau der industriellen Bruttoproduktion des Jahres 1936. Allein durch die Steigerung der Arbeitsproduktivität je Produktionsarbeiter um 54,8 Prozent nahm in den Jahren 1950—55 die Bruttoproduktion um 61 Prozent zu. Im gleichen Zeitraum hat sich der Anteil der Bruttoproduktion der sozialistischen Industriebetriebe an der gesamten industriellen Bruttoproduktion von 77 Prozent auf 85 Prozent erhöht[1]).

Die in der Periode des ersten Fünfjahrplanes in der Deutschen Demokratischen Republik erreichten Erfolge sind vor allem auf eine bessere Organisation der Produktion und der Arbeit, auf den sozialistischen Wettbewerb als Ausdruck des neuen Arbeitsbewußtseins der Werktätigen und auf eine bessere Anwendung der Produktionstechnik zurückzuführen. Die Inbetriebnahme von modernen Produktionsanlagen erfolgte besonders beim Neuaufbau und Ausbau von metallurgischen Betrieben (Eisenhüttenkombinat in Stalinstadt, Eisenhüttenwerke Calbe, Stahlwerke Brandenburg, Maxhütte Unterwellenborn u. a.), von Betrieben des Maschinenbaues (25 Schwermaschinenbaubetriebe), von chemischen Großbetrieben, wodurch sich die materiell-technische Basis der Volkswirtschaft der Deutschen Demokratischen Republik wesentlich erweiterte. Ungeachtet dieser Erfolge war in den letzten Jahren des ersten Fünfjahrplanes die Einführung der modernen Produktionstechnik nicht befriedigend.

Im zweiten Fünfjahrplan der Deutschen Demokratischen Republik soll sich die industrielle Bruttoproduktion auf mindestens 138 Prozent des Standes des Jahres 1955 erhöhen, was hauptsächlich durch die Steigerung der Arbeitsproduktivität erfolgen soll. Auf diese Weise werden wichtige Voraussetzungen für die beschleunigte Erweiterung der ökonomischen Basis der Volkswirtschaft der Deutschen Demokratischen Republik und für eine wesentliche Verbesserung der sozialen Lage der Werktätigen geschaffen. Gleichzeitig wird in der Periode des zweiten Fünfjahrplanes die Verkürzung des Arbeitstages auf 7 Stunden bzw. die Einführung der 40-Stunden-Woche ohne Lohneinbuße in den Betrieben des Wirtschaftsbereiches Industrie und in einigen anderen Wirtschaftsbereichen erfolgen. Der Reallohn der Werktätigen soll im gleichen Zeitraum um ca. 30 Prozent zunehmen.

Die Verwirklichung dieser großen Aufgaben bis zum Jahre 1960 vollzieht sich auf der Basis des ökonomischen Grundgesetzes der sozialistischen Gesellschaftsordnung, deren Ziel in der Sicherung der maximalen Befriedigung der ständig wachsenden materiellen und kulturellen Bedürfnisse der ganzen Gesellschaft besteht. Das einzige Mittel zur Erreichung dieses Zieles ist das ununterbrochene Wachstum und die stetige Vervollkommnung der sozialistischen Produktion auf der Basis der höchstentwickelten Technik[2]). Demzufolge wurde als ökonomische Hauptaufgabe im zweiten Fünfjahrplan der Deutschen Demokratischen Republik festgelegt:

[1]) Nach Ergebnissen der Statistik der industriellen Produktion und der Arbeitsproduktivität der Staatlichen Zentralverwaltung für Statistik.

[2]) Politische Ökonomie (Lehrbuch). Dietz Verlag, Berlin 1955, S. 462.

„Der zweite Fünfjahrplan ist ein Plan, der im Zeichen eines entschiedenen technischen Fortschritts und einer bedeutenden Steigerung der Arbeitsproduktivität in allen Zweigen der Volkswirtschaft steht[1])".

Für die Einführung der modernen Technik in volkswirtschaftlich wichtigen Betrieben und Wirtschaftszweigen sollen in den Jahren 1956—60 ca. 48 Mrd. DM Investitionsmittel aufgewandt werden. In dieser Periode ist die Verwirklichung der von der Partei der Arbeiterklasse aufgestellten Losung: Modernisieren, Mechanisieren und Automatisieren das wichtigste Mittel zur Steigerung der Arbeitsproduktivität. Gleichzeitig gilt es, in allen Zweigen der Volkswirtschaft die zur Zeit vorhandenen Reserven zur Steigerung der Arbeitsproduktivität zu erschließen und auszunutzen, z. B. die Arbeitsmoral und Arbeitsdisziplin der Werktätigen weiter zu heben, den Produktionsausstoß durch Verbesserung der Technologie, durch Spezialisierung der Betriebe, durch Standardisierung, Normierung und Typisierung der Erzeugnisse, durch Erweiterung der Kooperation zu vergrößern und kontinuierlich zu gestalten. Von allen Betrieben sind fortschrittliche Normen für den Aufwand an lebendiger und vergegenständlichter Arbeit auszuarbeiten und einzuführen, damit die Volkswirtschaftspläne bei geringstem Aufwand an Arbeit, Material und Geld erfüllt und übererfüllt werden können. Der Aufbau der Grundlagen des Sozialismus, der zu einem schnellen Aufschwung der Volkswirtschaft in der Deutschen Demokratischen Republik führt, erfordert „die Entwicklung der gesellschaftlichen Produktivkräfte durch die Erhöhung der Arbeitsproduktivität auf dem Wege der Meisterung der fortgeschrittensten Technik und der sozialistischen Ökonomik der Produktion, verbunden mit der Erziehung der Menschen zum sozialistischen Bewußtsein ...".[2])

Worin besteht nun die Meisterung der fortgeschrittensten Technik in der Periode des zweiten Fünfjahrplanes? Sie besteht in der Modernisierung des Bestandes an maschinellen Ausrüstungen, in der Neukonstruktion von leistungsfähigen und wirtschaftlichen Arbeitsmaschinen, in der weiteren Mechanisierung und Automatisierung von Arbeitsgängen, Fertigungsprozessen und ganzen Betrieben und in der Einführung von modernen Fertigungs- und Herstellungsverfahren. Die Verwirklichung des technischen Fortschritts ermöglicht einen rationellen Aufwand an lebendiger Arbeit, den sparsamen Verbrauch von Roh-, Hilfs- und Betriebsstoffen, die Steigerung der Leistungsfähigkeit und die Erhöhung der Lebensdauer der maschinellen Anlagen, eine ständige Vergrößerung der Erzeugnismenge, die Senkung der Ausschußproduktion und die Herstellung von qualitativ hochwertigen Erzeugnissen. Der technische Fortschritt sichert die ununterbrochene Steigerung der Arbeitsproduktivität und die Selbstkostensenkung der Produktion.

[1]) Direktive der 3. Parteikonferenz der SED für den zweiten Fünfjahrplan zur Entwicklung der Volkswirtschaft in der DDR 1956 bis 1960. „Neues Deutschland", 1. April 1956.

[2]) Ulbricht, W., Der Zweite Fünfjahrplan und der Aufbau des Sozialismus in der DDR. Protokoll der Verhandlungen der 3. Parteikonferenz der SED. Dietz Verlag, Berlin 1956, S. 60, 61.

Der zweite Fünfjahrplan leitet in der Deutschen Demokratischen Republik eine industrielle Umwälzung ein, die durch die Ausnutzung der Kernkraft als mächtige neue Energiequelle und als Mittel zur Verbesserung der Technologie, beispielsweise durch die Anwendung radioaktiver Isotope in der Produktion, durch die Vollautomatisierung von technologischen Prozessen vor allem mit Großserienproduktion, durch die Unterstützung bestimmter Formen der geistigen Arbeit mittels der Elektronik[1]) und durch die verstärkte Anwendung von chemischen Verfahren in der Produktion (z. B. Herstellung neuer synthetischer Stoffe) gekennzeichnet ist. Die im zweiten Fünfjahrplan beginnende industrielle Umwälzung führt zu einer grundlegenden Verbesserung und zu einer qualitativ höheren Entwicklung der Produktivkräfte. Beispielsweise haben die Werktätigen an vollautomatischen Maschinen hauptsächlich die Aufgabe, die Programmvorgabe der elektronischen Anlagen zu veranlassen, die Einrichtung, die Wartung, die Instandhaltung u. ä. Arbeitsverrichtungen vorzunehmen.

Die beginnende industrielle Umwälzung kann nicht schlechthin dem technischen Fortschritt gleichgesetzt werden. Sie kennzeichnet jene Entwicklungsstufe der Produktivkräfte, bei der die manuelle Arbeit ausgeschaltet ist und bestimmte Formen der geistigen Arbeit, z. B. Kontrollfunktionen des Produktionsablaufs, ebenfalls von automatischen Maschinen bzw. elektronischen Anlagen übernommen werden. Die beginnende industrielle Umwälzung wird also durch eine neue Qualität charakterisiert und ist eine grundlegend höhere Stufe des technischen Fortschritts.

Die Anwendung von leistungsfähigen, betriebszuverlässigen und wirtschaftlichen Arbeitsmaschinen als Basis der Automatisierung von technologischen Prozessen setzt gleichzeitig voraus, daß der Volkswirtschaft umfassende Energiequellen zur Verfügung stehen. Die beginnende industrielle Umwälzung steht deshalb in einem unmittelbaren Zusammenhang mit einer weitgehenden Elektrifizierung. Vor allem gilt es, die Kernenergie als Antriebskraft für die automatisierte Produktion nutzbar zu machen.

Entscheidend für das Tempo der beginnenden industriellen Umwälzung ist die vorrangige Entwicklung der Grundstoffindustrie und eines leistungsfähigen Maschinenbaues. In den Betrieben der Grundstoffindustrie werden die wichtigsten Roh-, Hilfs- und Betriebsstoffe gewonnen und in den Betrieben des Maschinenbaues die Produktionsinstrumente hergestellt. Ausgehend von dieser ökonomischen Erkenntnis wurde in der Direktive der 3. Parteikonferenz der SED für den zweiten Fünfjahrplan zur Entwicklung der Volkswirtschaft in der Deutschen Demokratischen Republik 1956 bis 1960 als Aufgabe gestellt, „einen weiteren großen Aufschwung aller Zweige der Volkswirtschaft durch vorrangige Entwicklung der Grundstoffindustrie und des Maschinenbaus auf der Grundlage der ständigen Steigerung der Arbeitsproduktivität durch einen schnellen Fortschritt der Technik“[2]) herbei-

[1]) In diesem Zusammenhang ist die weitere Entwicklung der Halbleitertechnik von großer Bedeutung.

[2]) Direktive der 3. Parteikonferenz der SED für den zweiten Fünfjahrplan zur Entwicklung der Volkswirtschaft in der DDR 1956 bis 1960. „Neues Deutschland“, 1. April 1956.

zuführen. So soll bis Ende des zweiten Fünfjahrplanes der Werkzeugmaschinenbau seine Produktion auf 224,6·Prozent gegenüber dem Jahre 1955 steigern, davon die Produktion von spanabhebenden Werkzeugmaschinen auf 230 Prozent und von Maschinen für die spanlose Verformung auf 220 Prozent. Die Produktion von Halbautomaten und Automaten soll im gleichen Zeitraum auf 760 Prozent, von Revolverdrehmaschinen auf 305 Prozent und von Radialbohrmaschinen auf 514 Prozent erhöht werden. Auch die Herstellung von Bohr- und Fräseinheiten sowie von automatischen Reihen- und Taktstraßen soll beschleunigt und ein ökonomisch günstiges Verhältnis zwischen Leistung und Einsatzgewicht, Raum- und Energiebedarf erzielt werden. Bereits im Plan der Mechanisierung und Automatisierung des Jahres 1956 waren 784 Objekte vorgesehen, darunter

28 für Takt- und Fertigstraßen
319 für die Mechanisierung durch Automaten und Hochleistungsmaschinen
85 für die Mechanisierung durch Spezialvorrichtungen, Sonderwerkzeuge usw.
145 für die Mechanisierung durch Sondermaschinen
31 für die Mechanisierung durch Anlagen zur Einführung neuer Arbeitsverfahren
145 für mechanisierte Transportanlagen[1])

Um auf dem Gebiet der Technik die ökonomisch fortgeschrittenen kapitalistischen Länder einholen und überholen zu können, gilt es vor allem, die Betriebe der Grundstoffindustrie und des Maschinenbaues komplex zu mechanisieren und die volkswirtschaftlich wichtigen Fertigungsprozesse mit Großserienproduktion zu automatisieren. Diese Notwendigkeit berücksichtigt der zweite Fünfjahrplan der Deutschen Demokratischen Republik, dessen Erfüllung und Übererfüllung durch die schöpferische Tätigkeit der Arbeiter, Ingenieure, Techniker und Wissenschaftler zur weiteren Festigung der ökonomischen Basis unseres Arbeiter- und Bauernstaates führen wird.

[1]) ULBRICHT, W., Der Zweite Fünfjahrplan und der Aufbau des Sozialismus in der DDR. Protokoll der Verhandlungen der 3. Parteikonferenz der SED. Dietz Verlag, Berlin 1956, S. 88, 89.

Kapitel I

DAS WESEN UND DIE AUSWIRKUNGEN DER MECHANISIERUNG UND AUTOMATISIERUNG

1. Die mechanischen Arbeitsmittel als Grundlage der Mechanisierung und Automatisierung der Produktion

Die durch die fortschrittlichen Produktionsverhältnisse geförderten Produktivkräfte verkörpern die entscheidende Kraft, von der der Stand und die Entwicklung der Befriedigung der materiellen und kulturellen Bedürfnisse der Menschen abhängen. Die Anstrengungen der Werktätigen in der sozialistischen Gesellschaftsordnung, in der bewußt und planmäßig durch Ausnutzung der erkannten ökonomischen Gesetze die erweiterte Reproduktion der Volkswirtschaft organisiert wird, müssen sich in erster Linie auf die Vergrößerung des Bestandes an Arbeitsmitteln, auf die Erhöhung ihrer Leistungsfähigkeit und auf die Verbesserung ihrer Wirtschaftlichkeit sowie auf die allseitige Ausbildung und Qualifizierung der wichtigsten gesellschaftlichen Produktivkraft, der Menschen, konzentrieren. Das Ergebnis dieser Anstrengungen führt zur ständigen Steigerung des Wirkungsgrades der lebendigen Arbeit und zur Vergrößerung des gesellschaftlichen Reichtums. Die für die gesellschaftliche Bedürfnisbefriedigung vorhandene Erzeugnismenge wird um so größer sein, je wirksamer die Produzenten mit leistungsfähigen und wirtschaftlichen Arbeitsmitteln arbeiten.

Welche Funktionen haben nun die Arbeitsmittel im Arbeitsprozeß?

> „Das *Arbeitsmittel* ist ein Ding oder ein Komplex von Dingen, die der Arbeiter zwischen sich und den Arbeitsgegenstand schiebt, und die ihm als *Leiter* seiner Tätigkeit auf diesen Gegenstand dienen.[1])"

Durch die zweckmäßige geistige und physische Betätigung des menschlichen Organismus im Arbeitsprozeß werden die physikalischen, chemischen und mechanischen Eigenschaften der Arbeitsmittel und Arbeitsgegenstände ausgenutzt, um Erzeugnisse herzustellen. Soweit die Produzenten ihre eigenen Hände oder Füße im Arbeitsprozeß betätigen, ohne sich eines bestimmten Gegenstandes als Arbeitsmittel zu bedienen, haben ihre Hände oder Füße die Funktion von Arbeitsmitteln. Auf alle Fälle wird die Größe der Erzeugnismenge von dem Wirkungsgrad der zweckmäßigen menschlichen Tätigkeit, die auf die optimale Ausnutzung der physikalischen, chemischen und mechanischen Eigenschaften der Arbeitsmittel und

[1]) MARX, Karl, Das Kapital. Dietz Verlag, Berlin 1955, Bd. I, S. 187.

Arbeitsgegenstände ausgerichtet ist, bestimmt. Wirken die Produzenten im Prozeß der materiellen Produktion überwiegend durch die physische Betätigung ihres Organismus, indem sie Werkzeuge mit ihren Händen oder anderen Organen bedienen, so wird diese Form der Arbeit als *nicht mechanisierte* (*manuelle*) *Arbeit* angesehen. Verwenden die Produzenten im Arbeitsprozeß Maschinen, die sie durch physische und geistige Betätigung ihres Organismus bedienen, kontrollieren, instandhalten usw., so wird diese Form der Arbeit als *mechanisierte Arbeit* bezeichnet. Als *automatisierte Arbeit* wird die Betätigung hauptsächlich der geistigen Kräfte der Menschen für bestimmte Arbeitsverrichtungen an automatischen Maschinen angesehen[1]).

In den einzelnen Gesellschaftsformationen wurden verschiedene Arten von Arbeitsmitteln durch die Produzenten in Bewegung gesetzt. Jedoch wirkt erst eine spezifische Art von Arbeitsmitteln entscheidend auf die Beschleunigung der Entwicklung der Produktivkräfte ein. MARX schreibt über die verschiedenen Arten von Arbeitsmitteln folgendes:

> „Unter den Arbeitsmitteln selbst bieten die *mechanischen Arbeitsmittel*, deren Gesamtheit man das *Knochen- und Muskelsystem der Produktion* nennen kann, viel entscheidendere Charaktermerkmale einer gesellschaftlichen Produktionsepoche, als solche Arbeitsmittel, die nur zu Behältern des Arbeitsgegenstandes dienen, und deren Gesamtheit ganz allgemein als das *Gefäßsystem der Produktion* bezeichnet werden kann, wie z. B. Röhren, Fässer, Körbe, Krüge usw.
>
> Das allgemeine Arbeitsmittel dieser Art ist wieder die *Erde selbst*, denn sie gibt dem Arbeiter den *locus standi* (den Platz, wo er steht) und seinem Prozeß *den Wirkungsraum* (*field of employment*). Durch die Arbeit schon vermittelte Arbeitsmittel dieser Art sind z. B. Arbeitsgebäude, Kanäle, Straßen usw."[2])

MARX unterscheidet demnach im Prozeß der materiellen Produktion drei Gruppen von Arbeitsmitteln:

1. Die mechanischen Arbeitsmittel oder Produktionsinstrumente, die unmittelbar in Verbindung mit der zweckmäßigen Tätigkeit der Menschen eine Veränderung der Arbeitsgegenstände herbeiführen und durch die Arbeitserfahrungen entsprechend den gesellschaftlichen Bedürfnissen vervollkommnet werden. Demzufolge spielen sie eine aktive Rolle in der Entwicklung des gesellschaftlichen Lebens.

2. Das Gefäßsystem der Produktion ist dagegen zur Lagerung und für den Transport von Roh-, Hilfs- und Betriebsstoffen, unvollendeten und Fertigerzeugnissen bestimmt und ist von besonderer Bedeutung bei der Anwendung von chemischen Verfahren in der Produktion.

3. Die allgemeinen Arbeitsmittel schließlich wirken nur mittelbar auf die Entwicklung der Produktivkräfte ein.

Die mechanischen Arbeitsmittel stellen die sachlichen Produktivkräfte der Gesellschaft dar und stehen in enger Wechselwirkung zu dem Gefäßsystem der Produktion und den allgemeinen Arbeitsmitteln. Die mechanischen Arbeitsmittel wurden durch

[1]) Vgl. hierzu S. 52ff.
[2]) MARX, Karl, Das Kapital. Bd. I, S. 188.

die schöpferischen Arbeitsfertigkeiten und Arbeitserfahrungen der Menschen von niederen zu qualitativ höheren Arten vervollkommnet. Der Weg von der Steinaxt bis zur automatischen Maschine, verbunden mit elektronischen Kontrolleinrichtungen, wird gleichzeitig durch den Kampf für höhere Formen des gesellschaftlichen Zusammenlebens gekennzeichnet.

Die umfassende Anwendung der Mechanisierung in technologischen Prozessen erfordert eine hohe Entwicklungsstufe der Produktivkräfte, d. h. sie setzt die Erschließung neuer Energiequellen, das Bestehen von Maschinen und Arbeitskräften, die Maschinen produzieren und bedienen können, voraus. Durch welche Merkmale wird nun die Anwendung von Maschinen charakterisiert? Von den Produzenten erfolgt die Benutzung des Hebels, des Keils, der Handwerkzeuge u. ä. m. direkt, d. h. durch die geistigen und physischen Anstrengungen der Menschen werden diese Arbeitsmittel gehandhabt, um Arbeitsgegenstände zu be- oder verarbeiten. Übertragen beispielsweise die Produzenten die Handhabung von Werkzeugen einer Maschine, um Arbeitsgegenstände zu be- oder verarbeiten, so fungieren die Werkzeuge nicht mehr als Werkzeuge der Produzenten, sondern als Werkzeuge der Maschine. In der Maschine sind die einfachen mechanischen Funktionen des Hebels, des Keils, der Rolle, der schiefen Ebene usw. wiederzufinden.

> „Die Werkzeugmaschine (oder Arbeitsmaschine, d. V.) ist also ein Mechanismus, der nach Mitteilung der entsprechenden Bewegung mit seinen Werkzeugen dieselben Operationen verrichtet, welche früher (z. B. im Manufakturbetrieb, d. V.) der Arbeiter mit ähnlichen Werkzeugen verrichtete."[1])

Die Produzenten setzen die Arbeitsmaschinen in Bewegung, sie führen Arbeitsverrichtungen der Bedienung, Wartung, Kontrolle, Instandhaltung u. ä. durch und stellen teils selbst die Antriebskraft dar.

Die Maschinerie setzt sich in den Produktionsbetrieben aus drei Teilen zusammen:

1. der Bewegungs- oder Kraftmaschine,
2. dem Transmissionsmechanismus,
3. der Werkzeug- oder Arbeitsmaschine.[2])

Die Bewegungsmaschine erzeugt die Antriebskraft, und der Transmissionsmechanismus überträgt die Bewegung auf die Arbeitsmaschine. Mittels der Arbeitsmaschine wird die Veränderung der Arbeitsgegenstände zu Erzeugnissen für die gesellschaftliche Bedürfnisbefriedigung bewirkt. Bei modernen Arbeitsmaschinen sind größtenteils die Bewegungsmaschinen und Transmissionsmechanismen nicht voneinander getrennt, sondern miteinander vereinigt.

In Betrieben mit entwickelter Maschinerie erfolgt die Be- oder Verarbeitung der Arbeitsgegenstände durch mehrere verschiedenartige Arbeitsmaschinen, wobei die ungleichartigen Arbeitsoperationen zeitlich nacheinander ablaufen, oder sie erfolgt durch Arbeitsmaschinen, die gleichartige Arbeitsoperationen gleichzeitig ausführen.

[1]) Marx, Karl, Das Kapital. Bd. I, S. 390, 391.
[2]) Ebenda, S. 389.

Diese Formen in der Maschinenanwendung werden als Maschinensystem bezeichnet, das die Grundlage des industriellen Großbetriebes darstellt.[1])

Die Antriebskraft für die Arbeitsmaschinen kann durch den Menschen, die Tierkraft oder durch andere Energiequellen, wie das Wasser, den Wind, den Dampf, die Elektrizität u. ä. erzeugt werden. Die Art der Antriebskraft ist zwar von entscheidender Bedeutung für die Masse der angewandten Maschinerie und deren Leistungsfähigkeit, jedoch nicht maßgebend für die Bestimmung, ob wir es mit einem Werkzeug oder einer Maschine zu tun haben. Z. B. stellt der Handwebstuhl eine Maschine und kein Werkzeug dar, weil die menschliche Arbeitskraft nicht vermittels eines Werkzeugs auf den Arbeitsgegenstand einwirkt, sondern auf eine Kombination von Maschinenelementen, die ihrerseits eine bestimmte Veränderung des Arbeitsgegenstandes hervorrufen. Die Arbeitsmaschinen, deren Antriebskraft vom Menschen ausgeht, als Werkzeug zu bezeichnen, würde bedeuten, daß die Art der Antriebskraft und nicht die Art der angewandten Arbeitsmittel der Bestimmung der mechanisierten Arbeit zugrunde zu legen wäre. Von der Ermittlung der Kennziffer der mechanisierten Arbeit, die Maschinen und Mechanismen, deren Antriebskraft vom Menschen ausgeht, auszuschließen, führt zur Einschränkung dieses Begriffes und vermittelt ein falsches Bild über den Umfang der mechanisierten bzw. nichtmechanisierten (manuellen) Arbeit.

Der Antrieb von Maschinen und Mechanismen durch den Menschen ist hauptsächlich bei einer niedrigen Entwicklungsstufe der Maschinenanwendung zu verzeichnen. Die ständige Erweiterung des Maschinenbestandes und die Erhöhung dessen Leistungsfähigkeit setzt gleichzeitig die Vergrößerung des Wirkungsgrades der Antriebskraft voraus, d. h. den Ersatz des menschlichen Muskels durch mächtige Energiequellen, wie den Dampf und die Elektrizität. Die Einführung von modernen Produktionsinstrumenten hängt erstrangig von der Größe der Antriebskraft ab. Historisch gesehen folgte dem manuellen Antrieb der Webstühle als wirksamere Antriebskraft das Wasserrad. Auf Grund seiner noch zu geringen Leistungsfähigkeit trat als neue, intensivere Antriebskraft der Dampf, der wiederum durch die elektrische Energie abgelöst wurde. Bei der Untersuchung des absoluten und relativen Niveaus der Mechanisierung und Automatisierung ist auf die Art der Antriebskraft in Verbindung mit den Kennziffern des Maschinenbestandes, dessen Leistungsfähigkeit und Auslastung auf alle Fälle einzugehen.[2])

2. Mechanisierung und Automatisierung der Produktion als Entwicklungsstufen des technischen Fortschritts

§ 1. *Die Mechanisierung einzelner Arbeitsgänge, die komplexe oder durchgängige Mechanisierung und die Halbautomatisierung*

Werden im Arbeitsprozeß an Stelle von Werkzeugen für die Be- oder Verarbeitung von Arbeitsgegenständen Maschinen eingesetzt — wobei es gleichgültig ist, ob die Antriebskraft vom Menschen oder von anderen Energiequellen ausgeht —, so wird

[1]) Politische Ökonomie (Lehrbuch). Dietz Verlag, Berlin 1955, S. 115.

[2]) Näheres auf S. 52 und 99.

diese Entwicklungsstufe der sachlichen Produktivkräfte als Mechanisierung bezeichnet. Die Mechanisierung der Produktion nimmt den Werktätigen in den volkseigenen Betrieben körperlich schwere Arbeit ab, sie verbessert die Arbeitsbedingungen, sie führt zur Einsparung von Arbeitszeit und zur Freistellung von Arbeitskräften. Sie ist ein wichtiges Mittel zur Steigerung der Arbeitsproduktivität und zur Senkung der Selbstkosten der Produktion. Die Mechanisierung von Arbeitsgängen erfordert von den Arbeitskräften die Durchführung hauptsächlich folgender Arbeitsverrichtungen in der Produktion: die Einrichtung, Bedienung, Kontrolle, Wartung, Instandhaltung der Maschinen.

Historisch gesehen erfolgte zunächst die Mechanisierung von einzelnen Arbeitsgängen, die bestimmte Engpässe im Produktionsablauf darstellten, die ein niedriges Niveau der Arbeitsproduktivität hatten und die vor allem einen höheren Profit für die Kapitalisten garantierten. Die im Konkurrenzkampf weiter vorangetriebene Entwicklung des technischen Fortschritts bewirkte die Mechanisierung einer ständig größeren Anzahl von Arbeitsgängen bzw. Produktionsstufen. Später wurden einzelne Maschinen zu Maschinenkomplexen (Druckmaschinen, Papiererzeugungs- und Verarbeitungsmaschinen usw.) zusammengestellt und schließlich an Takt- oder Bandstraßen die Fließfertigung durchgeführt. Somit setzte in den einzelnen Wirtschaftszweigen, allerdings sehr ungleichmäßig, eine komplexe oder durchgängige Mechanisierung von Produktionsprozessen ein, wodurch die manuelle Arbeit immer stärker verdrängt wurde. Auf dem Wege der komplexen Mechanisierung wurden alle grundlegenden Arbeitsgänge, Arbeitsganggruppen, Fertigungsprozesse, Hilfs- und Nebenarbeiten mechanisiert und die Maschinen je nach der Art der Produktion mit ihrer Leistungsfähigkeit optimal zeitlich aufeinander abgestimmt.

In den volkseigenen Betrieben ist beim Übergang von der Mechanisierung einzelner Arbeitsgänge zur komplexen Mechanisierung von Produktionsprozessen auf alle Fälle der Modernisierung des vorhandenen Maschinenbestandes Bedeutung beizumessen. Die bisherigen Erfahrungen in den volkseigenen Betrieben ergaben, daß die Modernisierung der überwiegenden Anzahl der vorhandenen Arbeitsmaschinen mit relativ geringen Mitteln möglich ist. So wurden in dem VEB Motorradwerke Zschopau für die Kolbenfertigung an Drehmaschinen Luftspannfutter angebracht. Diese Verbesserung führte zu einer jährlichen Einsparung von ca. DM 11700; die Einführungskosten betrugen nur ca. DM 6500. Im gleichen Betrieb wurden die Feinstbohrwerke mit Schnellspannungen ausgestattet. Hierbei betrugen die Einsparungen ca. DM 6400 und die Anschaffungskosten ca. DM 2500.

Auch die komplexe Mechanisierung wurde im gleichen Betrieb beschleunigt. Die Einführung eines komplexmechanisierten Motorenmontagebandes für die RT 125/1 kostete DM 27500 und ergab eine jährliche Einsparung von ca. DM 24500. Ein vollmechanisiertes Montageband für BK-Getriebe erbrachte eine jährliche Einsparung von DM 8500; die Anschaffung kostete DM 25000. Die Vorzüge der komplexen Mechanisierung bestehen in der Sicherung eines weitgehend störungsfreien und zeitlich verkürzten Produktionsablaufs, in einem höheren Niveau der Organisation der Produktion und der Arbeit, das eine wichtige Voraussetzung für die Automatisierung von technologischen Prozessen ist.

Als eine höhere Stufe der Mechanisierung kann die Halbautomatisierung von technologischen Prozessen angesehen werden. Hierunter ist zu verstehen, daß einzelne Arbeitsverrichtungen, die mit gleichförmigen geistigen und physischen Anstrengungen verbunden sind, teilweise automatisiert werden bzw. selbsttätig ablaufen. Die Halbautomatisierung von technologischen Prozessen ermöglicht, daß einzelne Arbeiter mehrere Maschinen gleichzeitig überwachen und bedienen können. Meistens erfordert die Halbautomatisierung von technologischen Prozessen noch einen bestimmten Arbeitsaufwand, z. B. für das Ein- und Ausspannen von Werkstücken, für betriebliche Be- und Entladearbeiten von Rohstoffen usw., für Reinigungsarbeiten u. ä.

§ 2. *Die Automatisierung einzelner Arbeitsgänge und die komplexe oder Vollautomatisierung*

Die Anwendung von automatischen Maschinen erfolgt vor allem aus Gründen ihrer Wirtschaftlichkeit in erster Linie in Betrieben, in denen die komplexe Mechanisierung der Hauptprozesse sowie der Hilfs- und Nebenarbeiten weit fortgeschritten ist, d. h. daß die Organisation der Produktion und der Arbeit einen hohen Stand erreicht hat und der Produktionsausstoß kontinuierlich erfolgt. Die Automatisierung technologischer Prozesse setzt jedoch nicht unbedingt voraus, daß beispielsweise in ökonomisch zurückgebliebenen Betrieben, Wirtschaftszweigen oder ganzen Ländern alle Entwicklungsstufen der Mechanisierung durchlaufen werden müssen. Es ist möglich und in den Ländern, in denen die sozialistische Gesellschaftsordnung aufgebaut wird, notwendig, bestimmte Entwicklungsstufen der Mechanisierung zu überspringen und den fortgeschrittensten Stand der Welttechnik in der Produktion einzuführen.

Im Gegensatz zur komplexmechanisierten und halbautomatisierten Produktion übernehmen die automatischen Maschinen auch Bedienungsfunktionen (Ausschaltung von manuellen und gleichförmigen Arbeitsverrichtungen) und bestimmte Kontrollfunktionen an Automaten, die z. B. mit elektronischen Anlagen ausgestattet sind.

> „Sobald die Arbeitsmaschine alle zur Bearbeitung des Rohstoffs nötigen Bewegungen ohne menschliche Beihilfe verrichtet und nur noch menschlicher Nachhilfe bedarf, haben wir ein *automatisches* System der Maschinerie, . . .“[1])

Die Arbeiter haben hauptsächlich automatische Maschinen einzurichten, zu warten, instand zu halten und ähnliche Arbeitsverrichtungen durchzuführen, d. h. die Automaten vor Störungen jeder Art zu schützen und diese zu beheben. Die in der Regel gleichförmige physische Arbeit und bestimmte Formen der geistigen Arbeit werden an automatischen Maschinen verdrängt.

Die Automatisierung der Produktion führt infolge der Erhöhung der Leistungsfähigkeit der automatischen Maschinen zur wesentlichen Beschleunigung des Pro-

[1]) MARX, Karl, Das Kapital. Bd. I, S. 398.

duktionsablaufs (Verkürzung der Fertigungszeit), zur schnellen Vergrößerung der Erzeugnismenge, zur Erhöhung der Qualität der Erzeugnisse, zur Senkung des Produktionsausschusses, zur rationellen Ausnutzung und Einsparung von Arbeitszeit, zur Freistellung von Arbeitskräften, zur Erhöhung der Arbeitssicherheit und Verbesserung der Betriebshygiene. Sie sichert die Steigerung der Arbeitsproduktivität und die Senkung der Selbstkosten der Produktion.

Die Vollautomatisierung[1]) schließt neben der Automatisierung von Arbeitsgängen und Hauptfertigungsprozessen auch die der Hilfs- und Nebenarbeiten ein. In vollautomatisierten Produktionsprozessen laufen alle Arbeitsoperationen von der Zufuhr der Rohstoffe bis zur Verladung der Fertigerzeugnisse selbsttätig unter Aufsicht der Menschen ab. Eine Form der Vollautomatisierung besteht in der Inbetriebnahme von Maschinenfließreihen oder Transferstraßen, die ein wichtiger Ausgangspunkt für ganze automatische Abteilungen und Betriebe sind. Auf den Transferstraßen werden zeitlich hintereinander verschiedene Arbeitsoperationen, wie Drehen, Bohren, Fräsen, Hobeln, Schleifen, Gewindeschneiden u. ä., selbsttätig ohne menschliches Zutun ausgeführt. Bestimmte Takteinrichtungen bringen das Werkstück in die gewünschte Stellung. Der Produktionsausstoß an Transferstraßen ist zeitlich aufeinander abgestimmt, so daß die Kontinuität des Produktionsablaufes gesichert wird.

Bei unterschiedlicher Leistungsfähigkeit einzelner automatischer Maschinen an Transferstraßen sind bestimmte Lagereinrichtungen erforderlich. Die vollautomatisierten technologischen Prozesse eignen sich in erster Linie für Großserien, beispielsweise in der Metallurgie, der Energie, der chemischen Industrie, dem Werkzeugmaschinenbau, der Automobil- und Traktorenindustrie, der Textil-, Papier-, Glas- und keramischen Industrie, der Nahrungs- und Genußmittelindustrie und anderen Wirtschaftzweigen mit Großserienfertigung.

Die vollautomatischen Maschinen stellen eine entscheidende technische Verbesserung und eine qualitativ höhere Art der Produktionsinstrumente dar. Bekanntlich erfolgt in vollautomatisierten technologischen Prozessen auch die Kontrolle, die Steuerung oder Regelung des Produktionsablaufes mittels automatischer Meß-, Steuer- und Regelgeräte. Die Kontrolle, Steuerung oder Regelung des Produktionsablaufes kann durch mechanische, hydraulische, pneumatische, optische oder elektrische Einrichtungen von einer Dispatcherzentrale oder einem Befehlsort aus erfolgen. Nach dem gegenwärtigen Stand der Technik und Wissenschaft kann in vollautomatischen Produktionsprozessen die geistige Tätigkeit der Menschen in gewissem Umfang von der Elektronik, z. B. durch Kalkulatoren, übernommen werden.[2]) So bestimmen Elektronenanlagen den vorteilhaftesten Ablauf des Produktionsprozesses, sie kontrollieren die Qualität der Erzeugnisse und sondern die Ausschußproduktion aus, sie zeigen den Verschleiß an Schneid- und Bohrwerk-

[1]) In Westdeutschland ist für diese Stufe des technischen Fortschritts der von den USA übernommene Begriff „Automation" in der wissenschaftlichen Literatur häufig zu finden.

[2]) Mit der Anwendung von elektronischen Einrichtungen (z. B. Kalkulatoren) zur Kontrolle, Steuerung oder Regelung von Produktionsprozessen beschäftigt sich ein besonderer Zweig der technischen Wissenschaften, die Kybernetik.

zeugen u. ä. an. In einer wissenschaftlichen Zeitschrift aus Großbritannien werden sehr anschaulich die Funktionen der Kalkulatoren dargestellt:

> „Die Kalkulatoren können a) lernen, was man ihnen beibringt; b) die soeben erhaltenen Instruktionen verwenden; c) Zahlen lesen und sich ihrer erinnern; d) zusammenzählen, abziehen, multiplizieren, dividieren und Zahlen abrunden; e) Zahlen in Tabellen suchen; f) ein Resultat betrachten und eine Auswahl treffen; g) lange Reihen dieser Operation, eine nach der anderen, wiederholen; h) eine Antwort aufschreiben; i) sich über die Genauigkeit der Antwort vergewissern; j) wissen, wann ein Problem gelöst ist, und zum nächsten übergehen; k) die meisten ihrer eigenen Instruktionen bestimmen; l) ohne Überwachung arbeiten.
>
> Dagegen können sie nicht a) intuitiv denken; b) fruchtbare Hypothesen aufstellen und daraus Schlüsse ziehen; c) alle ihre Instruktionen bestimmen; d) verwickelte Situationen, die ihnen fremd sind, annehmen und interpretieren.[1]"

Soweit keine entsprechenden Instruktionen im Kalkulator für die Lösung bestimmter Probleme vorhanden sind, stockt der Produktionsablauf. Nur Menschen können die Instruktionen im Kalkulator vorgeben, d. h. die zu lösenden Aufgaben festlegen und schöpferisch nicht vorhergesehene Probleme meistern.

Die Anwendung solcher, nach einem vorgegebenen Programm gesteuerter elektronischer Einrichtungen für Kontrollfunktionen im Produktionsprozeß stellt eine grundlegend neue und qualitativ höhere Stufe der Entwicklung der Produktivkräfte dar. Erst durch die Vollautomatisierung von technologischen Prozessen wurde es möglich, bestimmte Produktionsvorgänge, die unter hohem Druck, sehr niederen oder sehr hohen Temperaturen erfolgen und die für die Menschen gesundheitsschädlich und gefährlich sind, zu lenken und zu kontrollieren. Beispielsweise konnte die Herstellung von spaltbarem Material nur auf dem Wege der Vollautomatisierung nutzbar gemacht werden. Infolge der Gefährlichkeit des spaltbaren Materials (radioaktive Strahlen) wird der Produktionsablauf auch durch telemechanische Anlagen ferngesteuert und die Arbeitskräfte durch Schutzwände aus Beton und Blei sowie durch Schutzkleidung geschützt.

Die Vollautomatisierung und Nutzbarmachung der Kernenergie als gewaltige Antriebskraft in der Produktion leiten den Beginn einer industriellen Umwälzung ein, die den Werktätigen in den sozialistischen Ländern ungeahnte Perspektiven für die Entwicklung der Volkswirtschaft und für ein wohlhabendes, kulturell hochstehendes Leben eröffnet.

3. Ökonomische Auswirkungen der Mechanisierung und Automatisierung auf die Elemente des Arbeitsprozesses

Im Arbeitsprozeß gestalten die Menschen mit ihren physischen nnd geistigen Kräften und mit Hilfe der Arbeitsmittel Erzeugnisse für die gesellschaftliche Bedürfnisbefriedigung.

[1]) Electronics and Everyman, Urwick Orr and Partners., Ltd., London, Juni 1955, S. 2.

„Der *Arbeitsprozeß*, wie wir ihn in seinen einfachen und *abstrakten* Momenten dargestellt haben, ist zweckmäßige Tätigkeit zur Herstellung von Gebrauchswerten, Aneignung des Natürlichen für menschliche Bedürfnisse, allgemeine Bedingung des Stoffwechsels zwischen Mensch und Natur, ewige Naturbedingung des menschlichen Lebens und daher unabhängig von jeder Form dieses Lebens, vielmehr allen seinen Gesellschaftsformen gleich gemeinsam[1]."

Die Erhöhung des materiellen und kulturellen Niveaus der Gesellschaft hängt von der Steigerung des Wirkungsgrades der lebendigen Arbeit, d. h. von der Fähigkeit der Menschen, unter rationeller Ausnutzung der objektiven und subjektiven Produktionsbedingungen ein Maximum von qualitativ hochwertigen Erzeugnissen herzustellen, ab. Die Produktivität der gesellschaftlichen Arbeit wird um so höher sein, je wirksamer die sachlichen Produktivkräfte vervollkommnet und die geistigen Fähigkeiten, das Geschick und die Arbeitserfahrungen der Menschen im Arbeitsprozeß allseitig entwickelt werden.

Entscheidend auf die Steigerung der Arbeitsproduktivität wirkt die Leistungsfähigkeit der Produktionsinstrumente ein. Ihr Entwicklungsstand kennzeichnet den Grad der Beherrschung der Wissenschaft und Technik durch die Werktätigen. Zwischen der Entwicklung der Produktionsinstrumente und der menschlichen Produktivkraft besteht eine enge Wechselwirkung. So wird die einseitige Entwicklung der Produktionsinstrumente ohne wirksame Ausbildung und Qualifizierung der Beschäftigten im Arbeitsprozeß zeitweise zu Mängeln in der Organisation der Produktion und der Arbeit und damit zu keinem optimalen Ergebnis in der Steigerung der Arbeitsproduktivität führen. Solche ökonomisch ungünstigen Verhältnisse werden den Anlaß zur beschleunigten Qualifizierung der Arbeitskräfte geben. Andererseits bewirken Verhältnisse, die ein Zurückbleiben in der Vervollkommnung der Produktionsinstrumente verursachen, ebenfalls einen ungenügenden Ansporn zur schnellen Ausbildung und Qualifizierung der Arbeitskräfte und ziehen gleichzeitig ein ökonomisch ungünstiges Ergebnis in der Steigerung der Arbeitsproduktivität nach sich. Wenn die rationelle Ausnutzung und Weiterentwicklung der Produktionsinstrumente das wichtigste Mittel zur Steigerung der Arbeitsproduktivität ist, steht vor den Werktätigen die Aufgabe, mit Beharrlichkeit an der Modernisierung und Neukonstruktion von leistungsfähigen, betriebszuverlässigen und wirtschaftlichen Produktionsinstrumenten zu arbeiten.

§ 1. *Ökonomische Auswirkungen der Mechanisierung und Automatisierung auf die Arbeitsmittel*

In den Betrieben der Wirtschaft der Deutschen Demokratischen Republik besteht die Notwendigkeit, in erster Linie die Reproduktion der Arbeitsmittel auf erweiterter Stufenleiter nicht extensiv (Erweiterung ohne Steigerung der Leistungsfähigkeit), sondern intensiv (Erweiterung bei ständiger Steigerung der Leistungsfähigkeit) vorzunehmen. Die Modernisierung der in den Betrieben vorhandenen und die

[1]) Marx, Karl, Das Kapital. Bd. I, S. 192.

Neukonstruktion von Produktionsinstrumenten müssen unter dem Gesichtspunkt einer möglichst hohen Steigerung der Arbeitsproduktivität, einer umfassenden Freistellung von Arbeitskräften, einer Verbesserung der Arbeitsbedingungen und einer ökonomisch günstigen Einsparung der Selbstkosten erfolgen.

Bei der Modernisierung von Produktionsinstrumenten hat vor allem die Kleinmechanisierung und Kleinautomatisierung eine große Bedeutung. Durch die Kleinautomatisierung, als einer höheren Form der Kleinmechanisierung, wird angestrebt, einen Stand in der Vervollkommnung der vorhandenen maschinellen Anlagen zu erreichen, der der wirtschaftlichste ist, d. h. der mit relativ geringen Mitteln in den Betrieben, vor allem durch Verbesserungsvorschläge der Werktätigen, zur Erhöhung der Leistungsfähigkeit des Maschinenbestandes führt. Die Kleinautomatisierung der Produktion hat somit auch in Betrieben von Wirtschaftszweigen, in denen keine Großserien hergestellt werden, Bedeutung. Ein vorbildliches Beispiel der Kleinautomatisierung der Produktion durch Modernisierung der Produktionsanlagen gaben die Werktätigen des VEB Holzschraubenwerk in Tambach-Dietharz (Thüringen) im Jahre 1955. Vor der Automatisierung eines Teilabschnittes der Produktion lief in diesem Betrieb die Holzschraubenfertigung hauptsächlich nach dem Werkstattprinzip ab. Die Holzschrauben wurden in drei Hauptarbeitsgängen gefertigt. Auf Grund eines nicht rationellen innerbetrieblichen Transportes wirkten sich die Nebenarbeitsgänge hemmend auf den Fertigungsprozeß aus. Die Holzschraubenfertigung von der Kaltschlagpresse bis zur Schlußkontrolle dauert ca. drei Wochen. Da es viele Sorten von Holzschrauben gibt, war die Produktion häufig umzustellen, was mit Stillstands- und Wartezeiten verbunden war. Der am 31. Dezember 1955 in Betrieb genommene Teilabschnitt einer automatischen Fertigungsstraße erbrachte dem VEB Holzschraubenwerk in Tambach-Dietharz folgende Ergebnisse:

1. der nichtmechanisierte Transport der Halbfertigerzeugnisse fiel weg,
2. die Durchlaufgeschwindigkeit der Holzschrauben wurde auf wenige Minuten abgekürzt,
3. der Verschleiß der Werkzeuge verringerte sich erheblich,
4. die Ausschußproduktion ging um 50 Prozent zurück,
5. bei der Fertigung von 10 Tonnen Holzschrauben wurden zwei und eine halbe Arbeitskraft freigestellt.

Die von den Werktätigen im VEB Holzschraubenwerk in Tambach-Dietharz gemachten Erfahrungen in der Kleinautomatisierung der Fertigung sollten alle sozialistischen Betriebe beachten, auswerten und ohne Verzögerung in der Produktion einführen. Auf diese Weise können in der Wirtschaft der Deutschen Demokratischen Republik beträchtliche Mittel eingespart werden, die zusätzlich für den Aufbau von Betrieben sowie von kulturellen, gesundheitlichen und sozialen Einrichtungen bereitgestellt werden können. Diese Einsparungen wären ein sichtbarer Beitrag zur Verbesserung der Lage der Werktätigen.

Auch die Neukonstruktion von automatischen Maschinen wird in der Deutschen Demokratischen Republik beschleunigt. Beachtliche Leistungen sind in der Neukonstruktion von meßgesteuerten Außenrundschleifmaschinen zu verzeichnen. Die

Meßeinrichtung steuert diese Maschinen und sichert die Genauigkeit in der Bearbeitung. Nach erreichtem Fertigmaß schaltet sich diese Maschine selbsttätig aus, das nächste Werkstück wird eingelegt und der Einschalthebel bedient. Durch die Neukonstruktion einer Gewindewalzmaschine wurde das automatische Walzen von Gewinde- und Tretlagerachsen mit automatischer Werkstückzu- und -abführung ermöglicht. Dadurch werden vier Gewinde einer Tretlagerachse, die verschiedene Durchmesser haben, zum gleichen Zeitpunkt gewalzt. Gegenüber dem alten Walzverfahren wird mit Hilfe dieser automatischen Maschine eine Steigerung der Arbeitsproduktivität um ca. 450 Prozent erreicht. Auch an der Konstruktion von automatischen Taktstraßen wurde erfolgreich gearbeitet. Neben anderen Betrieben wurde im VEB Motorradwerk Zschopau eine automatische Taktstraße für die Fertigung von Motorradgehäusehälften aufgestellt. Die Werkstücke werden nach dem Aufspannen von der Taktstraße transportiert, die aus 23 neben- und hintereinander liegenden Werkzeugmaschinen für die linke Gehäusehälfte und aus 24 Werkzeugmaschinen für die rechte Gehäusehälfte besteht. Die Werkzeugmaschinen der Taktstraße bohren, fräsen, reiben, schneiden Gewinde u. ä. Vor und nach dem Transportieren der Werkstücke werden die Werkzeugmaschinen gespannt und entspannt. Die Fertigungszeit betrug nach dem alten Fertigungsverfahren je Motorradgehäuse ca. 270 Minuten und nach dem neuen Fertigungsverfahren nur ca. 63 Minuten, was einer Steigerung der Arbeitsproduktivität um 427 Prozent entspricht. Der kontinuierliche Produktionsablauf an den Taktstraßen setzt eine reibungslose Materialzufuhr voraus. Diese war im VEB Motorradwerk Zschopau zeitweise nicht gewährleistet.

In der Sowjetunion wurden Neukonstruktionen von automatischen Maschinen nicht nur für Transferstraßen, sondern auch bereits für automatische Abteilungen und ganze Betriebe entwickelt. Das erste vollautomatische Werk der Welt zur Herstellung von Aluminiumkolben für Verbrennungsmotore, die Stankokonstrukzija-Fabrik, nahm in Moskau im Jahre 1950 die Produktion auf. Wieweit die Sowjetunion in der Automatisierung einzelner Industriezweige fortgeschritten ist, beweist, daß in automatischen Aggregaten bis zu 90 Prozent des Roheisens und ca. 87 Prozent des Stahls geschmolzen werden. Auch alle Elektroöfen, in denen hochwertige Stähle erzeugt werden, arbeiten in der Sowjetunion mit automatischer Regelung[1]). Durch Teilautomatisierung und forcierte Schmelzführung wurde an sowjetischen Martinöfen erreicht, daß sich die Stahlausbringung je qm Herdfläche täglich auf 10,8 Tonnen erhöhte; dagegen beträgt sie in den USA nur 7,8 Tonnen.[2]) Nach angestellten Berechnungen werden in der eisenschaffenden Industrie der Sowjetunion auf Grund der Automatisierung im 6. Fünfjahrplan ca. 2,5 Millionen Tonnen Roheisen und ca. 3 Millionen Tonnen Stahl zusätzlich geschmolzen[3]). Auch

[1]) Tscharichow, L. A., Die Automatik in der Metallurgie. In: „Die Arbeit", Heft 6, 1956, S. 384.

[2]) Klimenko, K., Rakowski, M., Technisch-ökonomische Probleme der Automatisierung der Produktion in der UdSSR. In: „Die Presse der Sowjetunion", Heft 147, 1956, S. 3330.

[3]) Ebenda, S. 3326.

im Maschinenbau der Sowjetunion wurde durch Neukonstruktion die Leistung z. B. eines Mehrspindelautomaten auf das ca. 20fache der Leistung einer gewöhnlichen Universaldrehmaschine erhöht. Die zusätzlichen Aufwendungen für diesen Mehrspindelautomaten können ausschließlich aus der Einsparung von Lohnkosten im Verlaufe von ein bis zwei Jahren aufgebracht werden.[1])

In der Periode des 6. Fünfjahrplanes sollen in der Sowjetunion weitere 40 Walz- und Rohrwalzstraßen der Betriebe der Eisen-, Stahl- und Hüttenindustrie automatisiert, im Maschinenbau weitere 220 und in der Nahrungsmittelindustrie weitere 2500 neue automatische Fertigungsstraßen in Betrieb gesetzt werden. Auch soll die Automatisierung der Hauptarbeiten in den Ölrevieren sowie die Überwachung und Steuerung der Erdölverarbeitung durchgeführt werden. Es ist vorgesehen, die Steuerung aller Wärmekraftwerke, deren Bau im 6. Fünfjahrplan vorgenommen wird, voll zu automatisieren. In der Textilindustrie der Sowjetunion soll bis zum Jahre 1960 der Anteil der automatischen Webstühle an der Gesamtzahl der Webstühle ca. 60 Prozent betragen[2]).

Jedes Zurückbleiben in der Modernisierung und Neukonstruktion von leistungsfähigen Produktionsinstrumenten in der Wirtschaft der Deutschen Demokratischen Republik führt zur Vergeudung von gesellschaftlicher Arbeit, zu Verzögerungen bei der Steigerung der Arbeitsproduktivität und bei der Selbstkostensenkung. Veralterte Produktionsinstrumente mit einer geringen Leistungsfähigkeit ermöglichen nur ein niedriges Niveau der Arbeitsproduktivität und ergeben hohe Selbstkosten je Erzeugnis. Auch in der sozialistischen Gesellschaftsordnung besteht ein moralischer Verschleiß an den Produktionsinstrumenten. Technisch überholte und veralterte Produktionsinstrumente müssen — soweit eine Modernisierung nicht wirtschaftlich ist — durch modernste Produktionsinstrumente mit einer hohen Leistungsfähigkeit, Betriebszuverlässigkeit und Wirtschaftlichkeit ersetzt werden. Auf diese Weise wird eine ständige Steigerung der Arbeitsproduktivität und Senkung der Selbstkosten der Produktion gesichert. Zum moralischen Verschleiß des Maschinenbestandes stellte MARX fest, daß dieser 1. durch die billigere Produktion von Maschinen der gleichen Konstruktion und 2. durch die Herstellung neuer leistungsfähiger Maschinen verursacht wird.

> „In beiden Fällen ist ihr Wert (der Arbeitsmaschine, d. V.), so jung und lebenskräftig sie sonst noch sein mag, nicht mehr bestimmt durch die tatsächlich in ihr selbst vergegenständlichte, sondern durch die zu ihrer eignen Reproduktion oder zur Reproduktion der bessren Maschine notwendige Arbeitszeit. Sie ist daher mehr oder minder *entwertet*."[3])

Soweit Maschinen, die nicht modernisiert werden können, auf Grund des moralischen Verschleißes ausgesondert bzw. stillgelegt werden müssen, hat das zur Folge, daß ihr eventuell noch nicht abgeschriebener Wert auf die Fertigerzeugnisse nicht übertragen bzw. ihr Restwert nicht durch die Abschreibungen ersetzt werden

[1]) Ebenda, S. 3330.

[2]) LICHTENTHAL, M., Automatisierung, Schlüssel zum Kommunismus — Zündstoff im Imperialismus. In: „Neues Deutschland", 28. Februar 1956, S. 7.

[3]) MARX, Karl, Das Kapital. Bd. I, S. 424.

kann. In der sozialistischen Gesellschaftsordnung wird durch die aktive Teilnahme der Werktätigen angestrebt, überalterte Maschinen zu modernisieren. Dadurch wird der moralische Verschleiß auf ein Minimum herabgesetzt. Er kann vor allem durch die Verkürzung der Periode, in der der Gesamtwert der Maschine reproduziert wird, infolge voller Auslastung der Kapazität stark vermindert werden. Um eine Vergeudung von gesellschaftlicher Arbeit zu verhindern, ist auf alle Fälle bei der Produktion von leistungsfähigen, betriebszuverlässigen und wirtschaftlichen Maschinen als Maßstab der fortgeschrittene Stand der Welttechnik zugrunde zu legen.

Die Anwendung von modernen Produktionsinstrumenten ist auch vom Standpunkt ihrer Wirtschaftlichkeit aus zu betrachten. In der Regel müssen mechanisierte und automatisierte technologische Prozesse zu einer Steigerung der Arbeitsproduktivität, zur Senkung der Selbstkosten und zur Verbesserung der Rentabilität der Betriebe führen. Die Anwendung der modernen Technik muß — abgesehen von Forschungs- und Entwicklungsarbeiten für moderne Arbeitsmaschinen — eine Verbilligung der Erzeugnisse ergeben. Wie die Einführung moderner Arbeitsmaschinen in der Produktion nicht verwirklicht werden soll, zeigt ein Beispiel aus dem ersten Staatlichen Kugellagerwerk in der Sowjetunion: der Aufbau einer automatischen Abteilung für die Kugellagerfertigung ergab nur eine Steigerung der Arbeitsproduktivität um 53 Prozent und eine gleichzeitige Erhöhung der Selbstkosten um 36 Prozent gegenüber der Fertigung in den nichtautomatisierten Betriebsabteilungen. Die Ursachen für den Anstieg der Selbstkosten bei der relativ geringen Steigerung der Arbeitsproduktivität lagen a) in den hohen Kosten für die Fertigungsstraße, deren Aufbau ca. fünf Jahre dauerte. Viele Werkzeugmaschinen waren zum Teil Versuchskonstruktionen. Sie wurden mehrmals umgebaut und lagerten zeitweise in Herstellerbetrieben sowie auch im eigenen Betrieb; b) in den höheren Kosten für die Fertigung von Lagerringen aus Rohren im Vergleich zu denen aus Schmiedestücken. c) Die meisten Werkzeugmaschinen der automatischen Fertigungsstraße gewährleisteten eine hohe Genauigkeit und eine gute Oberflächenbearbeitung, sie wiesen jedoch im Verhältnis zu den Werkzeugmaschinen der nichtautomatisierten Betriebsabteilungen keine wesentliche Leistungssteigerung auf. In dem gleichen Betrieb entstanden neben der Neukonstruktion von Arbeitsmaschinen für vollautomatisierte Taktstraßen auf dem Wege der Modernisierung von bereits in Betrieb gestellten Arbeitsmaschinen atomatisierte Fertigungsprozesse. Die Ausstattung von Sonder- und Universalmaschinen mit selbsttätigen Steuerungs- und Beschickungseinrichtungen sowie der Anschluß dieser Maschinen an Beförderungseinrichtungen ergab, daß ein Arbeiter mehrere Maschinen bedienen kann. Anstelle von 32 Arbeitern vor der Automatisierung einer Fertigungsstraße waren nachher nur noch 8 Arbeiter, die die Maschinen einrichteten und warteten, tätig. Die Arbeitsproduktivität wurde fast um 30 Prozent gesteigert, und die Kosten der Fertigungsstraße von 350000 bis 400000 Rubel wurden innerhalb von zwei Jahren amortisiert[1]).

[1]) Derbischer, A., Zwei Richtungen in der Automatik. In: „Presse der Sowjetunion“, Heft 35, 1956, S. 858, 859.

Selbstverständlich ist auch in der Deutschen Demokratischen Republik bei der Einführung mechanisierter Be- und Verarbeitungsverfahren vom Standpunkt der Wirtschaftlichkeit auszugehen. Hierbei erzielten viele sozialistische Betriebe bereits gute Arbeitsergebnisse. Beispielsweise ermöglichte bei einer Werkzeugmaschine die Anbringung einer einfachen hydraulischen Kopierdreheinrichtung, die die Längen- und Durchmessersteuerung selbsttätig durchführt, nachstehende Einsparungen in der Drehbearbeitung:

1. die Stückzeit wurde von 19 Minuten auf 8 Minuten gesenkt,
2. die Schichtleistung je Werkzeugmaschine wurde von 25 auf 60 Stück erhöht,
3. für die Schichtkapazität (120 Stück) wurden anstelle von 5 nur 2 Maschinen benötigt,
4. die für die zweischichtige Auslastung benötigte Anzahl von Arbeitskräften ging von 10 Drehern auf 2 Dreher zurück,
5. die jährlichen Selbstkosten wurden von DM 170000 auf DM 34000 gesenkt, also eine Einsparung von DM 136000 erzielt."[1])

Die Einführung der Kopierdrehmaschine vom Typ „Magkomat" ermöglichte bei der Bearbeitung von Drehmaschinenhauptspindeln folgende Einsparungen:

1. die Stückzeit wurde von 150 Minuten auf 23 Minuten vermindert,
2. die Schichtleistung erhöhte sich von 3 Stück auf 20 Stück,
3. anstelle von 7 für die Schichtleistung benötigten Maschinen war nur noch eine erforderlich,
4. der benötigte Werkstattraum ging von 120 qm auf 16 qm zurück,
5. anstelle von 4 für die Schichtleistung eingesetzten Arbeitskräften wurden nur noch 2 benötigt,
6. die jährlichen Selbstkosten gingen von DM 235000 auf DM 35000 zurück.[2])

Vorstehende Beispiele veranschaulichen überzeugend die ökonomischen Vorteile der Anwendung moderner Arbeitsmaschinen. In den sozialistischen Betrieben der Deutschen Demokratischen Republik ist vor den geplanten Veränderungen im Produktionsprozeß auf alle Fälle deren Wirtschaftlichkeit nachzuweisen, die in den Kennziffern der Steigerung der Arbeitsproduktivität, der Einsparung von Arbeitszeit bzw. Freistellung von Arbeitskräften, der Verbesserung der Arbeitsbedingungen, der Verkürzung der Fertigungszeit, der Senkung des Ausschusses, der qualitativen Verbesserung der Erzeugnisse, des Rücklaufs der Investitionen, der Senkung der Selbstkosten u. ä. zum Ausdruck kommt.[3]) Somit ist die Mechanisierung und Automatisierung der Produktion nicht ausschließlich eine technische Frage, sondern auch erstrangig von ökonomischen Gesichtspunkten aus zu analysieren. Abgesehen von Forschungs- und Entwicklungsarbeiten müssen ökonomische Erwägungen bei der Festlegung der zweckmäßigsten Richtung der Mechanisierung und Automatisierung im Vordergrund stehen.

[1]) SCHÖBEL, M., Probleme der Mechanisierung und Automatisierung bei der Entwicklung neuer Werkzeugmaschinen. In: „Die Arbeit", Heft 11, 1956, S. 747.

[2]) Ebenda, S.784.

[3]) Näheres hierüber auf S. 75ff.

Die Anwendung moderner Produktionsinstrumente führt auch zur weiteren Vertiefung der gesellschaftlichen Arbeitsteilung, indem Betriebe des Maschinenbaus und anderer Wirtschaftszweige erweitert und neu errichtet werden, z. B. Betriebe für die Konstruktion, die Produktion, die Einrichtung und die Unterhaltung automatischer Meß-, Steuerungs- und Regelgeräte, elektronischer Anlagen (z. B. Kalkulatoren) u. ä. Die ständige Steigerung der Arbeitsproduktivität und die Senkung der Selbstkosten erfordert neben der Spezialisierung des Produktionsprogramms der Betriebe auch umfassende Maßnahmen zur Standardisierung, Normierung und Typisierung der Erzeugnisse sowie eine weitgehende und reibungslos funktionierende Kooperation zwischen den Produktionsbetrieben. Die Automatisierung von technologischen Prozessen führt zur industriellen Umwälzung ganzer Wirtschaftszweige. Unter den Bedingungen des Wirkens der ökonomischen Gesetze des Sozialismus besteht die Möglichkeit und die Notwendigkeit einer planmäßigen Entwicklung der Automatisierung der Produktionsprozesse entsprechend den wirtschaftspolitischen Zielen unter Berücksichtigung des größten ökonomischen Nutzeffekts. Unter kapitalistischen Verhältnissen sind Fehlspekulationen in der Anlage von neuen Produktionskapazitäten in einzelnen Wirtschaftszweigen unvermeidbar.

§ 2. *Ökonomische Auswirkungen der Mechanisierung und Automatisierung auf die Arbeitsgegenstände*

Als Folge der Mechanisierung und Automatisierung von technologischen Prozessen nimmt die stoffliche Masse der angewandten Arbeitsmittel und der zu ver- und bearbeitenden Arbeitsgegenstände zu. Der Wert der angewandten Maschinerie, der Gebäude usw. wächst nicht in dem gleichen Verhältnis wie der Wert der Roh-, Hilfs- und Betriebsstoffe an. Durch die Vervollkommnung der Maschinerie werden beträchtliche wertmäßige Einsparungen an Betriebsflächen, an Vorrichtungen für Heizung und Beleuchtung u. ä. erzielt. Von den Wertanteilen je Erzeugniseinheit aus betrachtet bildet der Wertanteil der Arbeitsgegenstände, der ständig ganz zu ersetzen ist, in automatisierten technologischen Prozessen einen zunehmenden Anteil am Gesamtwert je Erzeugniseinheit. Dagegen nimmt der wertmäßige Anteil der Arbeitsmittel, der entsprechend ihrer Lebensdauer auf die Erzeugnisse übertragen wird, nicht im gleichen Verhältnis wie der Wertanteil der Arbeitsgegenstände je Erzeugniseinheit zu. Der wertmäßige Anteil der lebendigen Arbeit, der ebenfalls ständig ganz zu ersetzen ist, nimmt je Erzeugniseinheit ständig ab. Was die wertmäßige Zunahme des Anteils der Arbeitsgegenstände je Erzeugniseinheit anbetrifft, so wird ihr durch Wertminderungen infolge Steigerung der Arbeitsproduktivität in den Betrieben, die Arbeitsgegenstände herstellen, entgegenwirkt. Neben diesem Einfluß der Mechanisierung und Automatisierung auf die Zusammensetzung der Wertbestandteile je Erzeugniseinheit tritt als Ergebnis dieses Prozesses ein Absinken des Gesamtwertes je Erzeugniseinheit ein. Haben Wert- und Kostenbewegung etwa die gleiche Entwicklungstendenz, so wird eine bestimmte Menge von Erzeugnissen dann zu verminderten Selbstkosten bzw. eine größere Menge von Erzeugnissen zu gleichen Selbstkosten hergestellt. Dies schafft die Möglichkeit der Verbilligung der Erzeugnisse.

Es konnte im Rahmen dieser Arbeit nicht als Aufgabe angesehen werden, durch konkrete Untersuchungen in volkseigenen Betrieben die Auswirkungen der Automatisierung auf die stoffliche Masse und den Wert der Arbeitsmittel sowie der Arbeitsgegenstände näher zu analysieren. Sobald auf diesem Gebiet noch mehr Erfahrungen vorliegen, werden diese Fragen einer weiteren Untersuchung vorbehalten bleiben.

Der reibungslose Produktionsausstoß der automatischen Maschinen erfordert auch eine qualitative Verbesserung der Arbeitsgegenstände. Erst dadurch wird es im stärkeren Ausmaß möglich, die Auslastung und die Geschwindigkeit der Arbeitsmaschinen zu erhöhen, die Betriebssicherheit zu heben, Betriebsstörungen zu verhindern, die Lebensdauer der Maschinerie zu verlängern, die Qualität der Erzeugnisse und die Wirtschaftlichkeit der Produktion zu verbessern. So hat die automatische Steuerung und Regelung in den Gasindustrieöfen des Walzwerkes „Willi Becker" in Kirchmöser eine Verringerung des Wärmeverbrauchs um 14 Prozent und eine Senkung des Wärmepreises je Tonne Einsatz von DM 8 auf DM 6 erbracht. Durch Automatisierung einer Ammoniaksalpeterabteilung in einem sowjetischen Betrieb verringerten sich die Ammoniakverluste um 9 Prozent und die Salpetersäureverluste um 42 Prozent[1]).

Die starke Zunahme der stofflichen Masse von Arbeitsgegenständen und deren notwendige qualitative Verbesserung infolge Mechanisierung und Automatisierung der Produktion in den verarbeitenden Industriezweigen (z. B. Maschinenbau, Leichtindustrie u. a.) erfordert auch einen mächtigen Aufschwung der extraktiven Industrie, z. B. der Produktion von Kohle, Erdöl, Erz, Roheisen usw. Die Erschließung und Ausnutzung der Produktionsressourcen hängen jedoch mit dem Fortschritt von Wissenschaft und Technik und deren umfassender Anwendung in der Produktion sowie der allseitigen Entwicklung der Fähigkeiten und Fertigkeiten der Werktätigen sehr eng zusammen.

§ 3. *Ökonomische Auswirkungen der Mechanisierung und Automatisierung auf die Arbeitskräfte*

Die Auswirkungen der modernen Technik auf die menschliche Arbeit charakterisierte LENIN wie folgt:

> „Im Ersatz der manuellen Arbeit durch die maschinelle ... besteht die ganze fortschrittliche Arbeit der menschlichen Technik. Je höher die Technik entwickelt wird, um so mehr wird die manuelle Arbeit der Menschen verdrängt, indem sie von einer Reihe immer komplizierterer Maschinen abgelöst wird: ..."[2])

Die Einführung moderner Arbeitsmaschinen in der Produktion hat zur Folge, daß die manuelle Arbeit zurückgeht und die der mechanisierten und der automatisierten zunimmt. In diesem Prozeß wird je nach dem Grad der Leistungsfähigkeit

[1]) KLIMENKO, K., RAKOWSKI, M., Technisch-ökonomische Probleme der Automatisierung der Produktion in der UdSSR. In: „Die Presse der Sowjetunion", Heft 147, 1956, S. 3330.

[2]) Ленин, В. И., Сочинения. (LENIN, W. I., Werke), Государственное издательство политической литературы, 1951, S. 89.

des Maschinenbestandes eine größere oder geringere Anzahl von Arbeitskräften freigestellt. In der kapitalistischen Produktionsweise wird dadurch das Arbeitslosenheer vergrößert. Dagegen wird in der sozialistischen Gesellschaftsordnung die Vollbeschäftigung der arbeitsfähigen Menschen gewährleistet, eine ununterbrochene Erweiterung der materiell-technischen Basis der Volkswirtschaft, die Verkürzung der Arbeitszeit und die Erhöhung des Reallohnes der Werktätigen verwirklicht. Nach Angaben von KLIMENKO und RAKOWSKI werden in der Sowjetunion im 6. Planjahrfünft allein bei den grundlegenden technologischen Arbeitsverrichtungen auf dem Wege der Automatisierung der Produktion ca. zwei Millionen Arbeiter freigestellt. Infolge der Mechanisierung der Buchhaltung und des Rechnungswesens werden im gleichen Zeitraum ca. 350000 bis 400000 Arbeitskräfte frei, die für andere Aufgaben eingesetzt werden können. In den sowjetischen Betrieben der Leicht- und Nahrungsmittelindustrie, in denen ca. 4 Millionen Arbeitskräfte beschäftigt sind, können durch Teilautomatisierung ca. 25 bis 30 Prozent und durch Vollautomatisierung sogar ca. 70 Prozent der Arbeitskräfte freigestellt werden[1]). Die sozialistische Gesellschaftsordnung sichert den freigestellten Arbeitskräften auf alle Fälle eine ihren Fähigkeiten und Kenntnissen entsprechende Weiterbeschäftigung in der Volkswirtschaft.

Der Anstieg des Anteils der mechanisierten und automatisierten Arbeit an der Gesamtarbeit verändert unmittelbar den Charakter der Arbeitsverrichtungen der Menschen im Arbeitsprozeß. So geht bei mechanisierter und automatisierter Produktion die Anzahl der Arbeitskräfte mit manuellen Berufen zurück. Als Folge einer weiteren Arbeitsteilung werden bestehende Berufe in der mechanisierten und automatisierten Produktion weiter spezialisiert, und es entstehen neue Berufe, die eine höhere Qualifikation der Arbeitskräfte erfordern. Beispielsweise sind durch die Automatisierung metallurgischer Betriebe in der Sowjetunion die Berufe wie Erzfahrer, Begichter, Abstichmann u. a. bereits verschwunden[2]). Für die Konstruktion, die Produktion, die Einrichtung und die Unterhaltung von modernen Arbeitsmaschinen werden eine große Anzahl von Technikern, Elektronenfachleuten, Ingenieuren, Chemikern, Physikern, Mathematikern, Konstrukteuren, Arbeitsökonomen usw. benötigt. Die Automatisierung der Produktion z. B. setzt auf Grund der Zunahme der geistigen Funktionen bei den Arbeitskräften die Kenntnis der Gesetzmäßigkeiten der Elektrotechnik und der Automatik voraus. Ebenso wird sich die Qualifikation der Facharbeiter in der Richtung verändern, daß sie infolge von Maßnahmen der betrieblichen und überbetrieblichen Qualifizierung schrittweise das Niveau von Technikern und Ingenieuren erreicht. Der Facharbeiter von heute in teilweise mechanisierter und nichtmechanisierter Fertigung wird zur technisch-wissenschaftlichen Fachkraft von morgen in der automatisierten Fertigung. So erfordert die Einführung von komplexmechanisierten und automatisierten tech-

[1]) KLIMENKO, K., RAKOWSKI, M., Die Ökonomie der Automatisierung. In: „Die Wirtschaft", Nr. 2, 1957, S. 5.

[2]) TSCHARICHOW, L. A., Die Automatik in der Metallurgie. In: „Die Arbeit", Heft 6, 1956, S. 385.

nologischen Prozessen den Einsatz von Fachkräften mit Spezialkenntnissen für die Einrichtung, die Kontrolle, die Wartung, die Instandhaltung und für ähnliche Arbeitsverrichtungen an Maschinen und Automaten, von Monteuren für das Aufstellen von Maschinen und Automaten, von Fachkräften für Forschungs- und Entwicklungsarbeiten, von Maschinisten und Elektrikern für Reparaturarbeiten und von anderen Fachkräften. Beispielsweise kann die laufende Überwachung von automatisierten technologischen Prozessen nur qualifizierten Arbeitskräften übertragen werden, die die zu überwachenden technologischen Prozesse verstehen. Erst dadurch können Störungen rechtzeitig erkannt, verhindert und beseitigt werden, die trotz der eingebauten Kontrolleinrichtungen auftreten können.

Auch das Verhältnis zwischen den an- und ungelernten Arbeitern verschiebt sich in komplexmechanisierten und teilautomatisierten technologischen Prozessen zugunsten der Facharbeiter und das zwischen Facharbeitern und technisch-wissenschaftlichen Fachkräften zugunsten der letzteren. Was jedoch die unmittelbaren Bedienungsfunktionen in komplexmechanisierten technologischen Prozessen anbetrifft, so können diese auf Grund der einfachen Tätigkeitsmerkmale oftmals von angelernten Arbeitskräften ausgeübt werden. Es wäre z. B. nicht richtig, für Bedienungsfunktionen in der Glühlampenfertigung Facharbeiter einzusetzen. In diesen Fällen sind die Facharbeiter als Einrichter, Monteure oder für Reparaturarbeiten und andere Arbeitsverrichtungen, die gründliche technologische Kenntnisse und Erfahrungen voraussetzen, zu beschäftigen. Mit der Einführung der modernen Technik wird die Arbeit für die Facharbeiter auf keinen Fall unkomplizierter. Im Gegenteil: die automatischen Maschinen sind sehr komplizierte Produktionsinstrumente. Ausgerüstet mit gründlichen Kenntnissen auf dem Gebiet der technischen Wissenschaften werden sie zu den Beherrschern der automatischen Maschinen. Sie können für Forschungs- und Entwicklungsarbeiten und für Funktionen der Montage, Wartung, Einrichtung, Instandhaltung u. ä. eingesetzt werden. Da manuelle Bedienungsfunktionen in der automatisierten Produktion nicht mehr anfallen, wachsen die Anforderungen an die Arbeitskräfte. Es sind große Anstrengungen notwendig, um dem Bedarf an Fachkräften auf dem Wege der Qualifizierung der ungelernten und angelernten Arbeiter sowie der Facharbeiter nachzukommen. Die bisherigen Erfahrungen in der automatisierten Produktion lassen erkennen, daß der Bedarf an hochqualifizierten Arbeitskräften zunimmt. Aus diesem Grunde kann der Fachkräftebedarf nicht nur durch eine qualifizierte und vielseitige Berufsausbildung der Jugendlichen, sondern er muß auch durch die Qualifizierung bzw. Umschulung der bereits in der Produktion tätigen un- und angelernten Arbeiter und Facharbeiter abgedeckt werden. In der Berufsausbildung und Erwachsenenqualifizierung müssen jedoch auch die Voraussetzungen dazu geschaffen werden, daß bei einem bestimmten Stand der Mechanisierung und Automatisierung der technologischen Prozesse in der materiellen Sphäre der Produktion die Anzahl der Beschäftigten in den Einrichtungen des Kultur-, Erholungs-, Gesundheits- und Sozialwesens, den Dienstleistungsbetrieben u. a. erhöht werden kann. Dadurch könnten die Bedürfnisse der Werktätigen auch auf diesem Gebiet in einem noch nie gekannten Ausmaß befriedigt werden.

Je umfassender eine Freistellung von Arbeitskräften infolge Anwendung der modernen Technik eintritt, um so schneller werden weitere Voraussetzungen für die Verbesserung der Lebenshaltung der Werktätigen geschaffen. Schließlich schafft die Freistellung von Arbeitskräften infolge Mechanisierung und Automatisierung der Produktion große Möglichkeiten zur Verkürzung des Arbeitstages. Mit der zunehmenden Freizeit für die Werktätigen muß ihre kulturelle Betreuung Schritt halten, eine vielseitige Freizeitgestaltung, z. B. Touristik, Sport usw., organisiert und neue Bildungseinrichtungen aufgebaut werden. Auf diese Weise wird den Fähigkeiten und Wünschen der Werktätigen für ihre Freizeitgestaltung am besten entsprochen.

In der beruflichen Zusammensetzung und der Qualifikation entsprechen die Arbeitskräfte in der automatisierten Produktion auf Grund der starken Veränderungen im technologischen Prozeß nicht mehr den Arbeitskräften in der nichtmechanisierten und mechanisierten Produktion. Die direkt im Produktionsprozeß eingesetzten Arbeitskräfte werden nach den derzeitigen methodischen Richtlinien in der Arbeitskräfteplanung und -abrechnung der Industriebetriebe als Produktionsarbeiter bezeichnet. Als Produktionsgrundarbeiter werden sie ausgewiesen, wenn sie in Fertigungsprozessen tätig sind, die die Hauptleistung der Betriebe darstellen und als Produktionshilfsarbeiter, wenn sie in diesen Prozessen Hilfs- und Nebenarbeiten durchführen (Arbeitskräfte für die Beschaffung von Arbeitsgegenständen, im betrieblichen Transport u. ä.). Diese methodischen Grundsätze für die Gruppierung der Arbeitskräfte, die als Produktionsarbeiter beschäftigt sind, haben ihre Berechtigung nur unter Produktionsbedingungen mit einem relativ geringen Grad der Automatisierung. Die in der Periode des 2. Fünfjahrplanes der Deutschen Demokratischen Republik beginnende industrielle Umwälzung wird zweifellos die berufliche Zusammensetzung und die Qualifikation der unmittelbar in der materiellen Produktion tätigen Arbeitskräfte weiter verändern. Beispielsweise werden für die Konstruktion, die Aufstellung, die Einrichtung, die Wartung, die Instandhaltung u. ä. von automatischen Maschinen technisch-wissenschaftliche Fachkräfte mit Hoch- und Fachschulbildung benötigt. Der Charakter ihrer Arbeit besteht hauptsächlich in der geistigen Betätigung. So haben die Stahlgießer in der Sowjetunion zur Zeit schon eine überwiegend geistige Tätigkeit zu leisten. Das Ukrainische Wissenschaftliche Forschungsinstitut für Metallurgie analysierte den Arbeitstag der Stahlgießer und stellte folgende Zeitanteile fest:

1.	Rechnerische Funktionen	3 Prozent
2.	Vorbereitung des Arbeitsplatzes	7 Prozent
3.	Kontrolle des Verlaufs des Produktionsprozesses	50 Prozent
4.	Leitung des technologischen Prozesses	20 Prozent
5.	Unmittelbare Ausübung von Arbeitsoperationen	15 Prozent
6.	Buchführung über die Produktion	5 Prozent[1]

[1] MACHER, F., Probleme der Berufsausbildung und Arbeitskräftelenkung. In: „Die Arbeit“, Heft 10, 1956, S. 669.

Wie dieses Beispiel zeigt, sind die physischen Arbeitsverrichtungen beim Stahlgießen bereits stark verdrängt.

Auf Grund der bisherigen betrieblichen Erfahrungen ist zu schlußfolgern, daß neben der Beschäftigtengruppe Produktionsarbeiter, deren Einsatz in nichtmechanisierten und mechanisierten technologischen Prozessen typisch ist, auch die technisch-wissenschaftlichen Fachkräfte, die unmittelbar Arbeitsverrichtungen in der materiellen Produktion, hauptsächlich in automatisierten Produktionsprozessen durchführen, gesondert statistisch festgehalten werden müßten. Nach den gültigen methodischen Richtlinien im Jahre 1958[1]) wird diese Gruppe der technisch-wissenschaftlichen Fachkräfte, die als produktionstechnische Fachkräfte bezeichnet werden kann, in der Beschäftigtengruppe Technisches Personal mit ausgewiesen. Zur Beschäftigtengruppe Technisches Personal zählen jedoch auch die Fachkräfte, die beispielsweise nicht unmittelbar im Prozeß der materiellen Produktion tätig sind oder technische Verwaltungsfunktionen durchführen. Diese technischen Fachkräfte sind deshalb von den produktionstechnischen Fachkräften, die unmittelbar in der materiellen Produktion tätig sind, als gesonderte Beschäftigtengruppe zu unterscheiden. Bei zunehmender automatisierter Produktion wird die Anzahl der produktionstechnischen Fachkräfte relativ stärker als das nicht unmittelbar in der materiellen Produktion stehende technische Personal ansteigen.

Demzufolge wäre auch die derzeitige Methodik der überbetrieblichen Messung der Arbeitsproduktivität[2]) in automatisierten technologischen Prozessen dahingehend zu verändern, daß der Arbeitsaufwand ausgedrückt in Arbeitsstunden bzw. die durchschnittliche Anzahl der physischen Personen der Beschäftigtengruppen Produktionsarbeiter und produktionstechnische Fachkräfte berücksichtigt werden. Dadurch wird gewährleistet, daß in aussagekräftiger Form der hergestellten Erzeugnismenge der tatsächliche Arbeitsaufwand bzw. die Anzahl der physischen Personen, die unmittelbar in der materiellen Produktion eingesetzt sind, für eine bestimmte Berichtsperiode gegenübergestellt und in der zeitlichen Veränderung verglichen werden kann.

Die Anwendung von nichtautomatischen Maschinen in der Produktion bedeutet keineswegs, daß die manuellen Arbeitsverrichtungen restlos verdrängt werden. So gibt es Arbeitsmaschinen, die beim Ein- und Ausspannen der Werkstücke, beim Messen, Steuern oder Regeln und ähnlichen Arbeitsverrichtungen Handarbeit erfordern. In nichtautomatisierten technologischen Prozessen gibt es auch Arbeitskräfte, die Maschinen montieren und einrichten, die manuelle Bedienungsfunktionen ausüben, die Handlangerarbeiten durchführen, die manuell die innerbetrieblichen Transport-

[1]) Richtlinien zur Industrieberichterstattung für die volkseigene und ihr gleichgestellte Industrie im Jahre 1958. Planteil Arbeitskräfte. Herausgegeben von der Staatlichen Zentralverwaltung für Statistik, S. 16.

[2]) Bruttoproduktion in unveränderlichen Preisen je Produktionsarbeiter bzw. je tatsächlich geleistete Produktionsarbeiterstunde und je Beschäftigten des industriellen Personals. Das industrielle Personal setzt sich aus den Beschäftigtengruppen Produktionsarbeiter, Technisches Personal, Wirtschaftler und Verwaltungspersonal, Hilfspersonal, Betriebsschutz und Betreuungspersonal zusammen.

mittel be- und entladen, die mit Reparaturarbeiten beschäftigt sind usw. Oftmals werden von einer Person verschiedene Arbeitsverrichtungen während eines Arbeitstages ausgeübt.

Nach dem gegenwärtigen Entwicklungsstand der Wissenschaft und Technik kann menschliche Energie (geistige und physische Betätigung der Menschen) im Produktionsprozeß für bestimmte Funktionen der Kontrolle des Produktionsablaufs, z. B. der Qualität, des Drucks, der Temperatur, der Geschwindigkeit usw., durch elektrische Energie ersetzt werden. Seit vielen Jahren gibt es bereits Arbeitsmaschinen, die fast ohne menschliche Betätigung bestimmte Arbeitsoperationen durchführen, z. B. in der Glühlampenfertigung, der Metallverarbeitung, der Glas- und Papierherstellung und in anderen Wirtschaftszweigen. Die Kontrolle über den Produktionsablauf führen jedoch die Arbeiter gewöhnlich selbst durch. Mit der Anwendung der Elektronik (z. B. Kalkulatoren) in der vollautomatisierten Produktion werden ohne die geistige und physische Betätigung der Menschen bestimmte Kontrollfunktionen ermöglicht. Die Menschen werden jedoch nicht von der Aufgabe, die automatischen Maschinen und elektronischen Anlagen zu konstruieren, zu produzieren, aufzustellen, instand zu halten, das Arbeitsprogramm für die Elektronenanlagen festzulegen und ähnlichen Arbeitsverrichtungen entbunden. Erst durch die schöpferische Arbeit der Menschen wird es überhaupt möglich, die menschliche Betätigung durch die elektrische Energie in der Produktion weitgehend zu ersetzen.

Die statistische Ermittlung von Kennziffern des Mechanisierungs- und Automatisierungsgrades sowie des ökonomischen Nutzeffekts der Mechanisierung und Automatisierung setzt voraus, daß eine gründliche Analyse über den Einsatz der Arbeitskräfte, den Bestand, die Leistungsfähigkeit und Auslastung der Arbeitsmaschinen, die Ausnutzung des Arbeitstages und anderer ökonomisch wichtiger Kennziffern erfolgt. In nichtmechanisierten, mechanisierten und automatisierten Produktionsprozessen, die als eine Einheit von Fertigungsprozeß, innerbetrieblichem Transport und Versorgung der Arbeitsplätze[1]) zu betrachten sind, kann beispielsweise für analytische Zwecke die Anzahl der Produktionsarbeiter und der produktionstechnischen Fachkräfte zu folgenden Beschäftigtengruppen zusammengefaßt werden[2]):

1. Arbeitskräfte, die vollautomatisierte technologische Prozesse, deren Produktionsablauf mittels elektronischer Einrichtungen kontrolliert wird, einrichten, warten und instand halten.
2. Arbeitskräfte, die vollautomatisierte technologische Prozesse, deren Produktionsablauf nicht von elektronischen Einrichtungen, sondern von mechanischen, hydraulischen, pneumatischen und ähnlichen Einrichtungen kontrolliert wird, einrichten, warten und instand halten.

[1]) BEGIDSHANOW, M., Technische Arbeitsnormung und Einführung fortschrittlicher Normen. In: „Kleine Bücherei", Verlag Kultur und Fortschritt, Berlin 1951, Heft 14, S. 27.

[2]) RYSHOW unterscheidet nur 5 Gruppen von Berufen, deren Arbeitsverrichtungen er vor allem in der automatisierten Produktion nicht exakt bestimmt.

RYSHOW, J., Die statistische Erfassung des Mechanisierungsgrades in der Industrie und im Bauwesen der Sowjetunion. In: „Statistische Praxis", Heft 12, 1952, S. 215, 216.

3. Arbeitskräfte, die teilautomatisierte technologische Prozesse einrichten, kontrollieren, warten und instand halten.
4. Arbeitskräfte, die halbautomatisierte und vollmechanisierte, technologische Prozesse einrichten, kontrollieren, bedienen (z. B. Anlassen und Abstellen von Arbeitsmaschinen, Ein- und Ausspannen von Werkstücken usw.), warten und instand halten.
5. Arbeitskräfte, die teilmechanisierte technologische Prozesse einrichten, kontrollieren, bedienen, warten und instand halten.
6. Arbeitskräfte, die an Maschinen und Mechanismen manuell Hilfsarbeiten verrichten; z. B. Handlanger bei der Versorgung von Arbeitsplätzen mit Arbeitsgegenständen und Arbeitskräfte, die den An- und Abtransport, die Lagerung der be- und verarbeiteteten Arbeitsgegenstände manuell durchführen. Sie sind für Funktionen der Einrichtung, der Kontrolle, der Wartung und Instandhaltung der maschinellen Anlagen nicht verantwortlich.
7. Arbeitskräfte, die in manueller Form Montage- und Reparaturarbeiten an maschinellen Anlagen ausführen.
8. Arbeitskräfte, die nicht an maschinellen Anlagen arbeiten, sondern alle Arbeitsverrichtungen manuell durchführen.

Die Produktionsarbeiter und produktionstechnischen Fachkräfte, die in Betrieben der Konstruktion, der Herstellung, der Einrichtung und der Instandhaltung von automatischen Maschinen und Anlagen beschäftigt sind, können ebenfalls je nach der Art ihrer Arbeitsverrichtungen den angeführten Beschäftigtengruppen zugeordnet werden.

Bei zunehmender maschineller Produktion wird die Anzahl der Arbeitskräfte mit manuellen Arbeitsverrichtungen der Beschäftigtengruppe 8 zurückgehen, die Anzahl der Arbeitskräfte in der Beschäftigtengruppe 5 wird schneller als die in der Beschäftigtengruppe 6 zunehmen. Gleichzeitig wird die Anzahl der Arbeitskräfte in der Beschäftigtengruppe 7 (für Reparaturarbeiten) sich erhöhen. Je nach dem Grad der Mechanisierung und Automatisierung von technologischen Prozessen wird sich die Anzahl der Arbeitskräfte, ihre berufliche Zusammensetzung und ihre Qualifikation in den verschiedenen Beschäftigtengruppen verändern. Beispielsweise wird in der vollmechanisierten Produktion die Anzahl der Arbeitskräfte in der Beschäftigtengruppe 4 und in geringem Umfange auch die in der Beschäftigtengruppe 7 (vorausgesetzt, daß die Reparaturarbeiten nicht von einem besonderen Reparaturbetrieb ausgeführt werden) zunehmen. Dagegen werden in einem vollautomatisierten Betrieb überwiegend die Berufe der Beschäftigtengruppe 1 und 2 vertreten sein.

Die Auswirkungen der Mechanisierung und Automatisierung auf die berufliche Zusammensetzung, die Berufsausbildung und die Veränderung der Qualifikation der Arbeitskräfte ist in den volkseigenen Betrieben einer laufenden Kontrolle zu unterziehen. Soweit ein Bedarf für bestimmte Berufe mit einer höheren Qualifikation in der Produktion besteht oder voraussichtlich bestehen wird, sind wirksame Maßnahmen für die inner- und überbetriebliche Qualifizierung, für die Berufsausbildung der Lehrlinge und für die Ausbildung an Fach- und Hochschulen erforderlich. Die infolge Mechanisierung und Automatisierung in den Betrieben freigestellten Arbeitskräfte sind umzuschulen, von der Notwendigkeit der Erlernung neuer Berufe zu überzeugen oder unter weitgehender Berücksichtigung ihrer Interessen und Fähigkeiten in Betrieben mit Arbeitskräftebedarf zu beschäftigen. Diese Maßnahmen sind rechtzeitig und planmäßig vorzubereiten, damit die Interessen der Werktätigen mit den volkswirtschaftlichen Bedürfnissen in Übereinstimmung gebracht werden können. Da in der Deutschen Demokratischen Republik die ökonomischen Ursachen der Arbeitslosigkeit und Verelendung auf immer beseitigt sind, werden durch die Freistellung von Arbeitskräften infolge Mechanisierung und Automatisierung der Produktion weitere Voraussetzungen für die Verkürzung der Arbeitszeit geschaffen, so daß eine ständige Beschäftigung aller arbeitsfähigen Menschen gesichert ist.

4. Soziale Folgen der Mechanisierung und Automatisierung

§ 1. *Soziale Folgen der Mechanisierung und Automatisierung in der kapitalistischen Gesellschaftsordnung*

In der kapitalistischen Gesellschaftsordnung mit ihrem Widerspruch zwischen gesellschaftlicher Produktion und privatkapitalistischer Aneignung führt die Mechanisierung und Automatisierung der Produktionsprozesse zur Bereicherung der herrschenden Klasse. Mit anderen Worten: die Steigerung der Arbeitsproduktivität infolge Mechanisierung und Automatisierung kommt den Besitzern der Produktionsmittel, den Kapitalisten, zugute. Im Stadium des Imperialismus findet die Automatisierung der Produktion erstrangig in Wirtschaftszweigen statt, die Maximalprofite gewährleisten. Für die Kapitalisten lohnt sich die Einführung vollmechanisierter und automatisierter Produktionsprozesse nur in Betrieben, in denen der Profit durch Einsparungen an Lohn für Arbeitskräfte und die Konkurrenzfähigkeit vergrößert wird. Hierzu schreibt MARX, daß der Maschinengebrauch für das Kapital durch die Differenz zwischen dem Maschinenwert und dem Wert der von ihr ersetzten Arbeitskraft begrenzt wird[1]). Die Entwicklung der Produktivkräfte in der kapitalistischen Produktionsweise wird also gehemmt, da es sich für die Kapitalisten nicht lohnt, auch diejenigen Betriebe und Wirtschaftszweige zu mechanisieren und zu automatisieren, die nur einen relativ geringen Profit abwerfen. Die Entwicklung der mechanisierten und automatisierten Produktion, die im Kapitalismus durch den Konkurrenzkampf zwischen den Betrieben bzw. Monopolverbänden beeinflußt wird, vollzieht sich anarchisch und ungleichmäßig. So geht aus Angaben des amerikanischen Soziologen JEROME hervor, daß sich der Mechanisierungsgrad in den einzelnen Industriezweigen der USA sehr ungleichmäßig entwickelt; z. B. arbeiten in 80 untersuchten Gießereien nur 29 Prozent der Arbeiter an Maschinen, in der Ziegel- und Dachziegelindustrie sind es in 38 untersuchten Betrieben 40 Prozent, in den untersuchten Holzschlifferzeugungsbetrieben 51 Prozent und in den Papierfabriken 52 Prozent der Arbeiter[2]).

[1]) MARX, Karl, Das Kapital. Bd. I, S. 411.

[2]) SIROTIN, M., SCHAFRANSKI, W., Die Planung der Mechanisierung in der sowjetischen Industrie. Verlag Die Wirtschaft, Berlin 1956, S. 43.

In der Wirtschaft der USA wird die Mechanisierung und Automatisierung besonders in Industriezweigen, die Kriegsmaterial herstellen, forciert. Für das amerikanische Finanzkapital ist die Aufrüstung eine entscheidende Quelle für die Erzielung von Maximalprofit. Deshalb ist es kein Zufall, daß die ersten vollautomatisierten Fabriken in den USA dem Tode dienen, so z. B. der Uranium-235-Separator im Atombombenwerk von Oak Ridge, bei dem zwei Personen den Produktionsprozeß von einem Schaltraum aus leiten. In Rochford (Illinois) gibt es eine Produktionsanlage, die zersägte Stahlblöcke aufnimmt und 155 mm-Granathülsen auswirft. Auch in kriegswirtschaftlich wichtigen Industriezweigen wurde in den USA die Automatisierung von technologischen Prozessen verstärkt. So nahm die Gesellschaft Rocky Island Refining Company eine vollautomatisierte Ölraffinerie in den USA in Betrieb. Durch Elektronenanlagen wird die Temperatur, der Druck und die Geschwindigkeit des Öls automatisch geregelt. Die Anzahl der Arbeiter wurde dadurch von 800 auf 12 vermindert. Auch die Fordwerke in Cleveland haben die automatisierten technologischen Prozesse mit Elektroneneinrichtungen verbunden, so daß der unbearbeitete Metallrohling auf einer Taktstraße 530 Arbeitsgänge auf 42 automatischen Maschinen durchmacht. Hierbei verwandelt er sich ohne menschliches Zutun zu einem Zylinderblock. Die Elektronenanlage, die mit der Taktstraße durch Leitungen von insgesamt 27 Meilen verbunden ist, meldet den Abschluß der einzelnen Arbeitsgänge, die Tiefe der Bohrlöcher, den Verschleiß an Bohr- und Schneidwerkzeugen und zeigt an, was in jedem Stadium des Produktionsablaufs vor sich geht[1]).

Infolge der Automatisierung von technologischen Prozessen wird die Kapazität der Industriezweige wesentlich erweitert. Werden die Industriezweige nicht entsprechend den gesellschaftlichen Bedürfnissen entwickelt, ergeben sich als Folge unausgelastete Kapazitäten. Seit dem Jahre 1943, in dem der Index der Industrieproduktion der USA eine Rekordhöhe erreicht hatte, verdoppelte sich das angelegte Industriekapital, was zu einer Nichtauslastung der Kapazitäten in den USA um ein Drittel bis zur Hälfte führte[2]). Bekanntlich sind die brachliegenden Kapazitäten dem natürlichen und moralischen Verschleiß ausgesetzt. Durch die Einwirkung von Feuchtigkeit, Kälte usw. werden die produktionstechnischen Anlagen beschädigt und durch die weitere Entwicklung von Wissenschaft und Technik überholt, so daß wesentliche volkswirtschaftliche Verluste eintreten. Die nicht ausgelasteten Kapazitäten sind auch ein Hemmschuh für die Vervollkommnung der sachlichen Produktivkräfte. Sie sind letztlich die Folge einer Gesellschaftsordnung, die auf Ausbeutung des Menschen durch den Menschen beruht.

Die Einführung der Mechanisierung und Automatisierung in der Produktion ist im Kapitalismus mit schwerwiegenden sozialen Konsequenzen für die Werktätigen verbunden. MARX wies für das Stadium des Konkurrenzkapitalismus nach, daß

[1]) WILENSKI, M., Sorgen und Zweifel. Die Westpresse über Probleme der Automatisierung der Produktion. In: „Die Presse der Sowjetunion“, Heft 74, 1956, S. 1743.

[2]) LICHTENTHAL, M., Automatisierung, Schlüssel zum Kommunismus — Zündstoff im Imperialismus. In: „Neues Deutschland“, 28. Februar 1956, S. 7.

die kapitalistische Maschinenanwendung zu einem systematischen Raub an den Lebensbedingungen der Arbeiter, so an Raum, Luft und Licht, führt.

„Alle Sinnesorgane werden gleichmäßig verletzt durch die künstlich gesteigerte Temperatur, die mit Abfällen des Rohmaterials geschwängerte Atmosphäre, den betäubenden Lärm usw. ...“[1])

Da die Kapitalisten nicht an einer Erleichterung der Arbeit der Werktätigen, sondern an der Verwirklichung von Profit interessiert sind, erschwert die kapitalistische Maschinenanwendung die Arbeit der Menschen. Im höchsten und letzten Stadium des Kapitalismus, dem Imperialismus, ist die Mechanisierung und Automatisierung der Produktion mit einer maßlos erhöhten Intensität der Arbeit verbunden, deren Auswirkung für die Arbeiter in einer vorzeitigen Erschöpfung ihres Organismus besteht. Die Arbeiter sind gezwungen, mit der Geschwindigkeit der Maschinen Schritt zu halten. Sie werden damit durch die Maschinerie, eine ihnen fremde Macht, unterjocht. Beispielsweise kommt in den Fordwerken der USA alle 12 Sekunden ein Motor aus der menschenleeren Automatenhalle auf die Bänder der Endmontage, an denen sich die Arbeiter in einer solchen Enge befinden, daß sie einander mit den Ellbogen und Schultern bei der Ausführung ihrer genau festgelegten Arbeitsverrichtungen stoßen[2]). Auch in den Staatlichen Französischen Renault-Werken werden aus Profitinteresse schwere und gesundheitsschädliche Arbeitsverrichtungen, z. B. das Spritzen des Unterteils der Karosserie mit giftigen Azetonfarben, mit der Hand durchgeführt. Infolge des zu hohen Farbenverbrauchs sei angeblich nach Angaben der Betriebsleitung die Automatisierung dieser Arbeitsverrichtung unrentabel[3]). Die Arbeit in engen, ungesunden Räumen mit gefährlicher Maschinerie, die starke Intensität der Arbeit und die ungenügenden Arbeitsschutzmittel erhöhen die Invalidität, führen zur Zunahme der Berufskrankheiten und verkürzen das Arbeitsalter der Werktätigen. In den letzten Jahren haben besonders infolge der maßlosen Steigerung der Arbeitsintensität die Betriebsunfälle und Berufskrankheiten in den westdeutschen Betrieben zugenommen. So ist dort die Anzahl der Betriebsunfälle und Berufskrankheiten je 1000 vollbeschäftigter Arbeiter in der Zeit von 1950 bis 1955 wie folgt angestiegen:

1950	96,2
1951	105,0
1952	118,7
1953	125,4
1954	130,5
1955	139,8[4])

In den Jahren von 1949 bis 1955 wurden allein in der Industrie Westdeutschlands 9,2 Millionen Arbeitsunfälle und Berufskrankheiten gezählt, darunter 35000 Be-

[1]) Marx, Karl, Das Kapital. Bd. I, S. 447.

[2]) Wilenski, M., Sorgen und Zweifel. Die Westpresse über Probleme der Automatisierung der Produktion. In: „Die Presse der Sowjetunion“, Heft 74, 1956, S. 1745.

[3]) Klimenko, K., Rakowski, M., Die Ökonomie der Automatisierung. In: „Die Wirtschaft“, Nr. 2, 1957, S. 5.

[4]) Lippold, G., Die „Freiheit“ der Ausbeutung. In: „Neues Deutschland“, 9. Februar 1957, S. 2.

triebsunfälle mit tödlichem Ausgang. Die Erwerbsfähigkeit verloren 500000 Arbeiter. Vor Erreichung der Altersgrenze gaben über drei Viertel aller Arbeiter und Angestellten in Westdeutschland ihren Arbeitsplatz auf, im Ruhrgebiet waren es sogar 84 Prozent. Zur Zeit liegt die durchschnittliche Altersgrenze, bei der die Arbeiter und Angestellten in Westdeutschland gewöhnlich die Arbeit einstellen, bei 53 bis 55 Jahren[1]).

Die Feststellung von MARX, daß die kapitalistische Maschinenanwendung ein Mittel ist, um den Arbeitstag über jede naturgemäße Schranke hinaus zu verlängern[2]), trifft auch für die Verhältnisse in der westdeutschen Wirtschaft zu. So lag im Jahre 1954 die Anzahl der wöchentlichen Arbeitsstunden in den Industriezweigen, die Produktionsmittel herstellen, durchschnittlich bei 50 bis 52 Arbeitsstunden. In der gesamten verarbeitenden Industrie betrug in Westdeutschland die wöchentliche Arbeitszeit im Durchschnitt 50 bis 51 Arbeitstunden[3]). Neben der Überstundenarbeit werden die Werktätigen während des sogenannten „Konjunkturrückganges" zur Kurzarbeit mit gleichzeitiger Lohneinbuße gezwungen, was zur Verschlechterung ihrer sozialen Lage führt.

Die Automatisierung der Produktion hat unter kapitalistischen Produktionsverhältnissen nicht nur schwerwiegende soziale Auswirkungen für die Arbeiterklasse, sondern auch für die einfachen Warenproduzenten und die kleineren sowie mittleren kapitalistischen Unternehmer. Ihnen fehlen die Mittel für Investitionen, und bei Inanspruchnahme von Krediten wächst ihre Verschuldung und Abhängigkeit. Im Konkurrenzkampf mit den großen Monopolen sind sie die Schwächeren, so daß ihre Perspektive der Bankrott ist. So wurden in Westdeutschland nach Angaben des Pressedienstes der Sozialdemokratischen Partei Deutschlands innerhalb der letzten 7 Jahre allein 116000 Namen aus der Handwerksrolle gestrichen, und im gesamten Bundesgebiet übertrafen 1956 die Löschungen in der Handwerksrolle die Neueintragungen um 180 Prozent[4]).

In der kapitalistischen Gesellschaftsordnung führt die Freistellung von Arbeitskräften infolge Mechanisierung und Automatisierung zur Massenarbeitslosigkeit. Damit ist gleichzeitig eine Verkümmerung der Fähigkeiten und Arbeitsfertigkeiten der arbeitslosen Werktätigen und die Nichteinführung der Automatisierung für bestimmte Arbeitsverrichtungen, deren manuelle Durchführung für die Kapitalisten profitabler ist, verbunden. Nach Berechnungen von Wirtschaftlern der USA werden allein durch die Automatisierung der Automobilindustrie in naher Zukunft 200000 Arbeitskräfte die derzeitige Produktionsleistung von 1 Million Arbeitskräften bewältigen können[5]). Von Wirtschaftlern der USA wird auch die Ansicht vertreten, daß bei jährlicher 5prozentiger Automatisierung der Betriebe Jahr für Jahr 3 Mil-

[1]) MELNIKOW, D., Die Kehrseite des westdeutschen „Wirtschaftswunders". In: „Neue Zeit", Heft 32, 1956, S. 13, 14.

[2]) MARX, Karl, Das Kapital. Bd. I, S. 422.

[3]) „Wirtschaft und Statistik". W. Kohlhammer Verlag, Stuttgart, Heft 5, 1955, S. 272.

[4]) Handwerkssterben. „Neues Deutschland", 16. Februar 1957, S. 2.

[5]) LICHTENTHAL, M., Automatisierung, Schlüssel zum Kommunismus — Zündstoff im Imperialismus. In: „Neues Deutschland, 28. Februar 1956, S. 7.

lionen Menschen arbeitslos werden. Die Automatisierung der gesamten Produktion würde also ca. 20 Jahre umfassen, d. h. es würden in diesem Zeitraum 60 Millionen Menschen die Arbeit verlieren[1]. Diese Entwicklung würde in wenigen Jahren bei einer viel geringeren Anzahl von freigestellten Arbeitskräften die allgemeine Krise des kapitalistischen Systems verschärfen. Auch POLLOCK vertritt die Auffassung, daß das Problem der Arbeitslosigkeit infolge Automatisierung der kapitalistischen Wirtschaft schwieriger ist als oftmals von Ökonomen angenommen wird. Er verweist in seiner Untersuchung „Automation in USA" auf die Tatsache, daß im Jahre 1955 bereits 7 Millionen Beschäftigte in der Wirtschaft der USA auf Grund von Regierungsmaßnahmen unter militärischen Aspekten einen Arbeitsplatz erhielten, der unter den Bedingungen einer Friedenswirtschaft nicht vorhanden wäre. Als Ausweg für die kapitalistische Wirtschaft sieht er, „daß im Prinzip nur eine geplante Wirtschaft die durch die Automation entstehenden Probleme rationell bewältigen kann"[2]. Die Volkswirtschaftsplanung ist jedoch unter den Verhältnissen des kapitalistischen Eigentums an den Produktionsmitteln und der Beherrschung des Staatsapparates durch das Finanzkapital ein unrealisierbarer Wunsch bürgerlicher Ökonomen.

Zur Frage der Arbeitslosigkeit infolge Automatisierung der Produktion in den USA behauptet die westdeutsche Wirtschaftszeitschrift „Der Volkswirt":

> „Eine technologische Arbeitslosigkeit infolge der Automation ist bisher in den Vereinigten Staaten noch nicht beobachtet worden, . . ."[3]

Im selben Artikel wird jedoch festgestellt:

> „In einigen Industriezweigen, zum Beispiel Elektroindustrie, Rundfunkindustrie, Feinmechanik, in denen vor allem Frauen an den Fließbändern saßen und die sich stets wiederholenden Arbeitsgänge ausführten, war eine Umsetzung nicht immer möglich."[4]

Demzufolge muß die Anzahl der Arbeitslosen in den USA — soweit sie überhaupt in der Statistik als Arbeitslose registriert und nicht von anderen Wirtschaftszweigen weiter beschäftigt wurden — auf Grund der Automatisierung technologischer Prozesse zugenommen haben.

Die weitere Automatisierung der Produktion in den kapitalistischen Ländern, zu deren Einführung die Kapitalisten im Konkurrenzkampf um die Kostensenkung der Erzeugnisse und um die Beherrschung der Absatzmärkte gezwungen sind, wird die massenweise Freistellung von Arbeitskräften beschleunigen. Dadurch werden die Kapitalisten Käufer von Waren verlieren, da die Kaufkraft von Arbeitslosen oder Kurzarbeitern außerordentlich niedrig ist. Somit wird sich der Widerspruch

[1]) „The New Republic", vom 11. Juli 1955. Zitiert bei: WILENSKI, M., Sorgen und Zweifel. Die Westpresse über Probleme der Automatisierung der Produktion. „Die Presse der Sowjetunion", Heft 74, 1956, S. 1747.

[2]) POLLOCK, F., Automation in USA. Frankfurter Beiträge zur Soziologie. Frankfurt a. M., 1955, Bd. 1, S. 155.

[3]) SCHNEIDER-LANDMANN, H., Die sozialen Folgen der Automation. In: „Der Volkswirt, Wirtschafts- und Finanzzeitung", Frankfurt a. M., Heft 33, 1956, S. 15.

[4]) Ebenda, S. 16.

zwischen Produktion und Konsumtion in den kapitalistischen Ländern verschärfen. Bekanntlich hat die Wirtschaft verschiedener kapitalistischer Staaten zur Zeit schon mit großen Absatzschwierigkeiten zu kämpfen. Allein in den Lagern der Fordwerke der USA waren zu Beginn des Jahres 1956 bereits ca. 800000 nicht absetzbarer Kraftwagen vorhanden, was die Entlassung von Arbeitskräften in der Automobilindustrie zur Folge hatte. Die nicht absetzbaren Erzeugnisse verschiedener Wirtschaftszweige werden in den USA in verstärktem Maße als Heeresbestände aufgekauft und gelagert. Um auch die landwirtschaftliche Überproduktion einzuschränken, wurden in den USA große Ackerflächen der menschlichen Ernährung entzogen. Trotz dieser und anderer Maßnahmen zur Minderung des Widerspruchs zwischen Produktion und Konsumtion wird die Automatisierung der Produktion die allgemeine Krise der kapitalistischen Gesellschaftsordnung vertiefen und die sozialen Konflikte verschärfen.

Bereits im Jahre 1956 hatte die Streikbewegung der englischen Arbeiter in den Standard-Motorenwerken in Coventry einen weltweiten Protest gegen die kapitalistische Anwendung der Automatisierung in der Produktion ausgelöst. Infolge Automatisierung eines Teils dieses Betriebes wurden 3500 Arbeiter entlassen. Daraufhin streikten die 11000 Werktätigen der Standard-Motorenwerke 3 Wochen lang. Allein in einem Werkabschnitt wurden durch die Aufstellung von 160 Automaten 900 Arbeiter überflüssig. Nach erfolgter Automatisierung bediente ein Arbeiter die gleiche Anzahl von Maschinen, an der vorher 6 Arbeiter beschäftigt waren. Die englische großbürgerliche Zeitung „Times" verbreitete die Meinung, daß die Streikbewegung der englischen Arbeiter sich gegen die Automatisierung richte. William WARMANN, der Vorsitzende des Streikkomitees in den Standard-Motorenwerken in Coventry, stellte die offensichtlich falsche Darlegung der „Times" richtig:

> „Die Standardarbeiter heißen jede wissenschaftliche und technische Entwicklung willkommen, die die Produktionsleistung der britischen Industrie erhöht. Doch glauben wir, daß solche Verbesserungen keinen Wert haben, wenn die Vorteile nicht auch den Arbeitern zugute kommen."[1])

In den Standard-Motorenwerken wurde einem Teil der Belegschaft gekündigt. Jedoch war der Autokonzern auf Grund der energischen Protestbewegung gezwungen, den entlassenen Arbeitern eine Entschädigung zu zahlen.

Bei weiterer Einführung der Automatisierung in der Produktion wird sich, wie die Erfahrungen der englischen Arbeiter zeigen, der Kampf der Arbeiterklasse in den kapitalistischen Ländern um die Einführung der verkürzten Arbeitszeit, um die Erhaltung der Arbeitsplätze, um die Erhöhung der Löhne, um besseren Arbeitsschutz, um die weitere Qualifizierung und um die Beseitigung der kapitalistischen Ausbeuterordnung verstärken. Die Produktivkräfte in der kapitalistischen Wirtschaft drängen zur Veränderung der Produktionsverhältnisse, zur Beseitigung des kapitalistischen Eigentums an den Produktionsmitteln und zur Verwirklichung der sozialistischen Gesellschaftsordnung durch den Kampf der Arbeiterklasse.

[1]) GOLDSTEIN, W., Im Streikhauptquartier in Coventry. In: „Wochenpost", Nr. 20, 1956, S. 7.

§ 2. *Soziale Folgen der Mechanisierung und Automatisierung in der sozialistischen Gesellschaftsordnung*

Erst in der sozialistischen Gesellschaftsordnung, in der die Ausbeutung des Menschen durch den Menschen beseitigt ist, kann eine planmäßige Entwicklung der Produktivkräfte verwirklicht werden. Das Wirken des ökonomischen Grundgesetzes des Sozialismus erfordert, daß die fortgeschrittene Wissenschaft und Technik in der Produktion angewandt werden. Dadurch wird in ständig stärkerem Maße die maximale Befriedigung der materiellen und kulturellen Bedürfnisse der Gesellschaft ermöglicht. In der sozialistischen Gesellschaftsordnung werden die Werktätigen auf die Einführung und Ausnutzung moderner Produktionsinstrumente mit hoher Leistungsfähigkeit, Betriebszuverlässigkeit, langer Lebensdauer und größter Wirtschaftlichkeit, auf die Anwendung fortschrittlicher Produktionsmethoden und -verfahren und auf eine allseitige Qualifizierung orientiert. Die Anstrengungen der Werktätigen führen zur Erhöhung des Anteils der mechanisierten und automatisierten Arbeit an der Gesamtarbeit und somit zur ständigen Steigerung der Arbeitsproduktivität und zur Senkung der Selbstkosten der Produktion. Der mächtige Aufschwung der Volkswirtschaft auf der Grundlage der Anwendung der modernen Technik erfordert auch die aktive Mitarbeit aller Werktätigen bei der Lösung der gesellschaftlichen Aufgaben. Schließlich hängen die Quantität und die Qualität der Erzeugnisse entscheidend von der neuen Einstellung der Menschen zur Arbeit ab.

Da in der sozialistischen Gesellschaftsordnung eine weitgehende Übereinstimmung der gesellschaftlichen Produktionsverhältnisse mit dem Stand der Produktivkräfte hergestellt wird, sind die Werktätigen an der schnellen Erweiterung der materiell-technischen Basis der Volkswirtschaft interessiert. Im Gegensatz zur kapitalistischen Gesellschaftsordnung wird im Sozialismus im Interesse der ganzen Gesellschaft die Einführung der modernen Technik beschleunigt, wobei sie unmittelbar den Produzenten und nicht einer kleinen Anzahl von Kapitalisten zugute kommt. Durch die Anwendung von hochleistungsfähigen Maschinen wird den Werktätigen die Arbeit wesentlich erleichtert, d. h. die körperlich schwere und gleichförmige Handarbeit verdrängt, die Arbeitsbedingungen, der Arbeitsschutz und die Arbeitshygiene grundlegend verbessert. Die Mechanisierung und Automatisierung der Produktion wird in der sozialistischen Gesellschaftsordnung vor allem bei Arbeitsverrichtungen, die gesundheitsschädlich sind und körperlich schwere Anstrengungen erfordern, zuerst durchgeführt. Die Automatisierung befreite beispielsweise im Eisenhüttenkombinat Magnitogorsk in der Sowjetunion die Arbeiter an den Walzaggregaten davon, in 24 Arbeitsstunden ca. 5000 Umschaltungen vorzunehmen[1]). Die Sorge um den Menschen steht im Mittelpunkt der Tätigkeit der sozialistischen Staats- und Wirtschaftsorgane. Den durch die Mechanisierung und Automatisierung freigestellten Arbeitskräften werden in

[1]) TSCHARICHOW, L. A., Die Automatik in der Metallurgie. In: „Die Arbeit“, Heft 6, 1956, S. 387.

den sozialistischen Betrieben entsprechend ihren Kenntnissen und Fähigkeiten neue Arbeitsplätze vermittelt, die eine Entfaltung ihrer Fähigkeiten ermöglichen. Da der sozialistische Staat die kulturelle, gesundheitliche und soziale Betreuung der Werktätigen grundlegend verbessert, werden auch in diesen Einrichtungen viel neue Arbeitsplätze geschaffen. So ist in der Deutschen Demokratischen Republik, in der erst die Grundlagen der sozialistischen Gesellschaftsordnung errichtet werden, bereits in den Jahren 1952 bis 1956 die Anzahl der Beschäftigten in diesen Einrichtungen um ca. 104000 Personen angestiegen.[1]) Die Freistellung von Arbeitskräften infolge Mechanisierung und Automatisierung der Produktion ist auch die wichtigste Voraussetzung, um die Arbeitszeit der Beschäftigten bei gleichzeitiger Erhöhung des Reallohnes zu verkürzen. Die längere Freizeit wird den Werktätigen die Teilnahme am kulturellen Leben in stärkerem Maße als bisher ermöglichen. Das wird jedoch auch von der Erweiterung und der Errichtung neuer Dienstleistungsbetriebe, Kindergärten, kultureller u. ä. Einrichtungen abhängen. Die Verkürzung der Arbeitszeit wird sich ebenfalls auf die Erhöhung des Lebensalters der Werktätigen auswirken, da sich ihr Gesundheitszustand weiter verbessern wird. Die Einführung der modernsten Technik in der Produktion führt in den sozialistischen Ländern zu einem noch nie gekannten Wohlstand für die Werktätigen. Deshalb unterstützen sie immer stärker die Einführung der modernen Produktionstechnik, was beispielsweise in der Anzahl der eingereichten Verbesserungsvorschläge und deren Nutzeffekt in den Jahren des ersten Fünfjahrplanes zum Ausdruck kommt.

Verbesserungsvorschläge in den Betrieben der VE-Z-Industrie[2])

Jahr	eingereicht	realisiert	Jahresnutzen in 1000 DM
1951	309000	230540	114355
1952	291071	216858	94432
1953	334534	143326	142822
1954	437114	193585	242451
1955*)	269375	104136	164474

*) III. Quartal seit Jahresbeginn.

In der sozialistischen Gesellschaftsordnung wird besonders die Ausbildung von technisch-wissenschaftlichen Fachkräften gefördert. Das betrifft nicht nur die Erziehung der Jugend zu allseitig gebildeten Menschen mit gründlichen produktions-technischen Kenntnissen, sondern auch die Weiterbildung der im Arbeitsprozeß stehenden Erwachsenen, die sich auf dem Wege des Fern- oder Vollstudiums an Fach- und Hochschulen die Qualifikation und Kenntnisse von Technikern,

[1]) Nach Ergebnissen der Staatlichen Zentralverwaltung für Statistik.

[2]) TOMM, A., Die Entwicklung der Arbeitsproduktivität in der sozialistischen Industrie im ersten Fünfjahrplan. In: „Statistische Praxis“, Heft 5, 1956, S. 56.

Ingenieuren und anderen technisch-wissenschaftlichen Fachkräften erarbeiten. Für den Besuch von Fach- und Hochschulen sind nicht die soziale Stellung und die finanziellen Mittel maßgebend, sondern die Begabung und Fähigkeiten der Menschen. So werden in der Deutschen Demokratischen Republik allein auf Ingenieurschulen des Maschinenbaus im Tagesstudium ca. 10000 Studenten ausgebildet.[1]) Dagegen beträgt die Anzahl der Studenten auf gleichartigen Schulen in Westdeutschland einschließlich Westberlin mit einer im Vergleich zur Deutschen Demokratischen Republik ca. zweieinhalbmal größeren Bevölkerung nur ca. 13000. Während auf den Ingenieurschulen der Deutschen Demokratischen Republik selbst nach Abzug der Stipendien noch ca. DM 2500 jährlich für einen Studenten ausgegeben werden, so sind es z. B. in Württemberg-Baden für einen Studenten nur DM 900 bis 1000.[2])

Die in der Sowjetunion erzielten Erfolge bei der Ausbildung von technisch-wissenschaftlichen Fachkräften bezeugen sehr anschaulich die Überlegenheit der sozialistischen Gesellschaftsordnung gegenüber der kapitalistischen. Nach Angaben der westdeutschen Wirtschaftszeitschrift „Der Volkswirt" bestanden in der Sowjetunion im Jahre 1955 59000 Ingenieure und 67000 andere Techniker und Wissenschaftler das Examen, während im gleichen Jahr im wirtschaftlich stärksten kapitalistischen Land, den Vereinigten Staaten, nur 22600 Ingenieure und 36400 andere technisch-wissenschaftliche Fachkräfte die Universität verließen.[3]) Auch bürgerliche Wirtschaftler Westdeutschlands können nicht umhin, die Tatsache einzugestehen: „Wer die meisten Wissenschaftler ausbildet, wird die Zukunft gewinnen!"[4])

In den sozialistischen Betrieben der Deutschen Demokratischen Republik wurde in der Periode des ersten Fünfjahrplanes der Grundstein für ein betriebliches Schulungssystem gelegt, durch das sich auf produktionstechnischen Lehrgängen, betrieb-

Qualifizierung der Beschäftigten der VE-Z-Industrie in 1000 Personen[5])

Zeitraum	Ausbildung von ungelernten zu angelernten Arbeitern	Qualifizierung für den derzeitigen Arbeitsplatz	Qualifizierung für höhere Lohngruppen
1. Halbjahr 1953	39,6	53,1	26,3
2. Halbjahr 1953	74,3	96,1	54,9
1. Halbjahr 1954	52,3	72,1	32,8
2. Halbjahr 1954	65,6	115,4	40,9

[1]) Statistisches Jahrbuch der Deutschen Demokratischen Republik. Deutscher Zentralverlag, Berlin 1956, S. 65.

[2]) RATZEL, L., Eine große Aufgabe der Nation: Mehr Techniker und Ingenieure. In: „Vorwärts", 1. Mai-Ausgabe vom 27. April 1956.

[3]) Der Volkswirt. Wochenspiegel für die Zeit vom 10.—16. August 1956. „Wirtschafts- und Finanzzeitung", Frankfurt a. M., Heft 33, 1956.

[4]) WEBER, H., Mensch und Automation. „Melliand", Nr. 10, 1956, S. 1231.

[5]) TOMM, A., Die Entwicklung der Arbeitsproduktivität in der sozialistischen Industrie im ersten Fünfjahrplan. In: „Statistische Praxis", Heft 5, 1956, S. 56.

lichen Abendschulen, Volkshochschulkursen u. ä. m. die ungelernten Arbeiter zu angelernten, die angelernten Arbeiter zu Facharbeitern und die Facharbeiter zu Meistern, Technikern und Ingenieuren qualifizieren können.

Die Anwendung der modernen Technik in der Produktion ist mit einer ständigen Erhöhung der Qualifikation der Werktätigen verbunden, so daß die Überreste der alten Arbeitsteilung, die hauptsächlich noch in den Unterschieden zwischen einfacher und komplizierter sowie geistiger und körperlicher Arbeit bestehen, allmählich zurückgedrängt und mit dem Aufbau der materiell-technischen Basis der kommunistischen Gesellschaft überwunden werden.

§ 3. *Theorien über den Inhalt und die sozialen Folgen der beginnenden industriellen Umwälzung*

Über die Frage, ob die beginnende qualitativ höhere Entwicklung der Produktivkräfte infolge der Anwendung der Kernenergie als Antriebskraft und der Vollautomatisierung in der Produktion sowie ihre sozial-ökonomischen Auswirkungen als industrielle Umwälzung oder als industrielle Revolution zu bezeichnen ist, gibt es auch in der Deutschen Demokratischen Republik Meinungsverschiedenheiten. Bekanntlich hatte die qualitativ höhere Entwicklung der Produktivkräfte durch die Anwendung des Dampfes als Antriebskraft und der Arbeitsmaschinen vor 100 bis 150 Jahren eine grundlegende Umgestaltung der Technologie der Produktion und der Arbeitsbedingungen hervorgebracht und die Entwicklung der Klasse des Proletariats beschleunigt. Auf dem Wege des Klassenkampfes entstanden neue gesellschaftliche Produktionsverhältnisse. Die erste industrielle Umwälzung ist entsprechend dem Grundzug der kapitalistischen Produktion, der Anarchie, im Selbstlauf vor sich gegangen. Deren soziale Auswirkungen führten die Werktätigen in Not und Elend. Die beginnende industrielle Umwälzung in der 2. Hälfte des 20. Jahrhunderts hat ebenfalls nicht nur Auswirkungen auf die Technologie der Produktion, sondern auch auf die Arbeitsbedingungen und auf viele Vorgänge des gesellschaftlichen Lebens.

Ein wesentlicher Unterschied zwischen der beginnenden industriellen Umwälzung und derjenigen, die der kapitalistischen Produktionsweise zum Sieg verhalf, besteht heute in der Existenz des sozialistischen Weltsystems, das auf der Grundlage der erkannten ökonomischen Gesetze bewußt und planmäßig im Interesse der Gesellschaft die beginnende industrielle Umwälzung einleitet. Die fortschrittlichen Produktionsverhältnisse der sozialistischen Länder fördern die Entwicklung der Produktivkräfte, so daß die Auswirkungen der beginnenden industriellen Umwälzung weder zu sozialen Konflikten noch zur Verelendung der Produzenten, sondern zu einem niemals gekannten Wohlstand und hohem kulturellen Niveau der sozialistischen Gesellschaft führen werden. Dagegen wird in den kapitalistischen Ländern, bedingt durch die bestehenden Produktionsverhältnisse, die beginnende industrielle Umwälzung der Konkurrenz und somit dem Selbstlauf der kapitalistischen Betriebe überlassen, wodurch die Krise des kapitalistischen Systems weiter verschärft werden wird.

In einer Veröffentlichung von SELBMANN wird die beginnende qualitative Veränderung der Produktivkräfte auf Grund der Anwendung der Kernenergie und der Vollautomatisierung in der Produktion als industrielle Umwälzung oder technische Revolution bezeichnet[1]). Der Begriff industrielle Revolution ist bei SELBMANN nicht zu finden. Die Bezeichnung technische Revolution ist zutreffend, wenn die qualitativ höhere Entwicklung der betrieblichen Technologie in den Vordergrund gestellt wird. Soweit die sozial-ökonomischen Folgen der qualitativ höheren Stufe in der Entwicklung der Produktivkräfte mit eingeschlossen werden, bringt der Begriff „industrielle Umwälzung" unter den Bedingungen der Deutschen Demokratischen Republik die bewußte und planmäßige Anwendung der Kernenergie und der Vollautomatisierung in der Produktion sowie die im Interesse der Gesellschaft planvoll geregelten Auswirkungen auf die Arbeitsbedingungen und auf andere Vorgänge des gesellschaftlichen Lebens besser zum Ausdruck. Da unter dem Begriff der „neuen oder zweiten industriellen Revolution" vor allem seitens der Vertreter der westdeutschen Sozialdemokratie[2]) neben den qualitativen Veränderungen in der Technologie eine angeblich revolutionäre Veränderung der Produktionsverhältnisse ohne revolutionären Kampf der Arbeiterklasse bei gleichzeitiger Aufrechterhaltung der ökonomischen Grundlagen des kapitalistischen Systems verstanden wird, ist es verständlich, daß der Inhalt des Begriffes „neue oder zweite industrielle Revolution" mit dem Inhalt der beginnenden „industriellen Umwälzung" in den sozialistischen Ländern nicht gleichgesetzt werden kann. Vor allem entscheidet der Inhalt und nicht die Bezeichnung dieser Begriffe.

VERNER ist der Auffassung, daß die Anwendung der Atomenergie und der Automatisierung in der Produktion etwas Neues, eine neue Qualität darstellen. Nach seinen Ausführungen gilt jedoch der Begriff der „industriellen Revolution" nicht für die kapitalistischen Länder.

> „Wer kapitalistische Automatisierung als historische und gesellschaftliche Kategorie mit industrieller Revolution gleichsetzt, der verwirrt die Begriffe und verbirgt den grundsätzlichen Unterschied zwischen der geschichtlich fortschrittlichen Periode des Kapitalismus von damals und seiner reaktionären, imperialistischen Periode von heute."[3])

VERNER ist zuzustimmen, daß die erste industrielle Umwälzung auf Grund des damals fortschrittlichen Charakters der kapitalistischen Produktionsverhältnisse gefördert wurde und in der Periode des Imperialismus die kapitalistischen Produktionsverhältnisse die allseitige Entwicklung der Produktivkräfte hemmen. Die grundlegende qualitative Veränderung der Produktivkräfte bahnt sich gegenwärtig auch in den ökonomisch stärksten kapitalistischen Ländern an, wobei die Entwicklung der neuen Produktivkräfte sich nur im Rahmen der bestehenden kapitalistischen Produktionsverhältnisse vollzieht, ähnlich wie in der Periode des

[1]) SELBMANN, Fritz, ZILLER, Gerhard, Die neue Epoche der technischen Entwicklung. Dietz Verlag, Berlin 1956, S. 6, 7.

[2]) Näheres auf S. 48ff.

[3]) VERNER, P., Zu Theorien über die „zweite industrielle Revolution" und die Interessen der Arbeiterklasse in Westdeutschland. In: „Einheit", Heft 6, 1956, S. 568, 569.

Niedergangs des Feudalismus, in der sich ebenfalls im Schoße der alten Gesellschaftsordnung die neuen Produktivkräfte entwickelten. Eine im Interesse der Werktätigen sich anbahnende industrielle Umwälzung in den kapitalistischen Ländern ist nur auf dem Wege der Aufhebung des Widerspruchs zwischen gesellschaftlicher Produktion und der privat-kapitalistischen Aneignung möglich, d. h. mit der Beseitigung der kapitalistischen Eigentumsverhältnisse durch den Kampf der Arbeiterklasse und ihrer Verbündeten. Deshalb ist für den erfolgreichen Kampf der Werktätigen zur Beseitigung der kapitalistischen Ausbeuterordnung die richtige Einschätzung des Charakters und der sozialen Folgen der beginnenden industriellen Umwälzung von großer Bedeutung.

In einigen Veröffentlichungen von westdeutschen Verfassern werden die sozialen Folgen der beginnenden industriellen Umwälzung sehr nüchtern eingeschätzt. Z. B. schreibt STREHL:

> „Wir stehen an der Schwelle der „Zweiten industriellen Revolution", in deren Gefolge ungeheuere soziale Umwälzungen die gesellschaftliche Struktur unserer Welt in einem Maße erschüttern werden, wie wir es bisher niemals erlebten."[1])

Auch MUTTER als französischer Vertreter der Montan-Union vertrat auf der Versammlung der Europäischen Gemeinschaft für Kohle und Stahl im März 1956 eine ähnliche Auffassung:

> „Eine zweite industrielle Revolution hat in der Welt begonnen; eine technische Revolution wird langsam Wirklichkeit. Durch sie wird die Menschheit von neuem radikalen Umwälzungen der wirtschaftlichen und sozialen Struktur gegenüberstehen."[2])

DE BIVORT vom Internationalen Arbeitsamt sieht in der Automatisierung im Gegensatz zu den meisten technischen Verbesserungen in den einzelnen Industriezweigen eine völlig neue Konzeption des Produktionsprozesses, „die für eine ganze Reihe von betrieblichen Vorgängen und Bürotätigkeiten in zahlreichen Industrien verwertbar ist"[3]). Auch in seinen Ausführungen wird anerkannt, daß die Vollautomatisierung etwas Neuartiges, eine höhere Form der Entwicklung der Produktivkräfte darstellt.

Dagegen behauptete PIETSCH in einem Vortrag im September 1956 anläßlich des 10. Deutschen Betriebswirtschaftlertages in Westberlin, daß es übertrieben sei, von einer „zweiten industriellen Revolution" auf Grund der Einführung der Automatisierung in der Produktion zu sprechen, vielmehr handele es sich um eine permanente Evolution.[4]) Zweifellos werden die automatischen Maschinen nur schrittweise in der Produktion eingeführt. Dieser Faktor ändert jedoch nichts an der Tat-

[1]) STREHL, R., Die Roboter sind unter uns. Oldenburg 1952, S. 9.

[2]) MUTTER, zitiert bei BERIÉ, H., Gedanken zur Automation. In: „Bundesarbeitsblatt", Heft 20, 1956, S. 687.

[3]) DE BIVORT, H., Die Automation und ihre sozialen Konsequenzen. In: „Bundesarbeitsblatt", Heft 20, 1956, S. 671.

[4]) PIETSCH, M., Automatisierung in Planung und Durchführung unter besonderer Berücksichtigung der Fertigung. Vortrag auf der 10. Deutschen Betriebswirtschaftlertagung in Westberlin, September 1956.

sache, daß sie etwas grundlegend Neues, eine qualitativ höhere Entwicklungsstufe der Produktionsinstrumente darstellen und große Auswirkungen für das gesellschaftliche Leben haben. PIETSCH hat in seinen Ausführungen zweifellos die qualitative Seite der automatischen Maschinen nicht richtig analysiert. Da die beginnende industrielle Umwälzung durch den Kampf der Werktätigen zu grundlegenden Veränderungen des gesellschaftlichen Lebens führen wird, fürchtet das Finanzkapital deshalb nicht ohne Grund eine exakte wissenschaftliche Einschätzung ihres Charakters und ihrer sozialen Auswirkungen. Aus dieser Erwägung heraus möchte auch der Präsident des Bundesverbandes der Deutschen Industrie, Fritz BERG, den Begriff der beginnenden industriellen Umwälzung abschaffen. Auf einer Tagung der Industrie- und Handelskammer in Hagen äußerte er im Oktober 1956:

> „Die zweite industrielle Umwälzung findet nicht statt, denn Revolution bedeutet eine plötzliche Umwälzung, die bestehende Verhältnisse umwirft und Bindungen löst."[1])

BERG hat die Begründung für seine Auffassung nicht verheimlicht.

> „Die Weiterführung der Rationalisierung und Automatisierung darf ... nicht den Schlüssel zur allgemeinen Sozialisierung der Wirtschaft liefern."[2])

Unter allen Umständen möchte BERG die Beseitigung der bestehenden kapitalistischen Eigentumsverhältnisse verhindern, um die beginnende industrielle Umwälzung als Mittel zur Erzielung von Maximalprofit dienstbar zu machen.

Auf dem Münchner Parteitag der Sozialdemokratischen Partei Deutschlands im Juli 1956 vertrat SCHMID die Auffassung, daß durch die Automatisierung der Produktionsprozesse, durch elektronische Rechenanlagen usw. revolutionierende Produktionsverhältnisse geschaffen werden. Bekanntlich charakterisieren die Produktionsverhältnisse die Beziehungen der Menschen zu den Produktionsmitteln und die Beziehungen der Menschen zueinander. Sie finden ihren Ausdruck in den Eigentumsverhältnissen und sind somit eine sozial-ökonomische Kategorie und nicht ein technischer Faktor. Nach der Auffassung von SCHMID würden durch die Automatisierung und die Anwendung der Kernenergie die Produktionsverhältnisse im Selbstlauf ohne einen wirksamen Kampf der Werktätigen verändert. Nach den Erfahrungen der Arbeiterbewegung aller Länder setzt jedoch die Beseitigung der kapitalistischen Produktionsverhältnisse das bewußte Handeln und einen zielstrebigen Kampf der Arbeiterklasse voraus. Erst auf diesem Wege werden die Ergebnisse der Automatisierung den Werktätigen in den kapitalistischen Ländern zugute kommen. Um den Folgen der Automatisierung unter kapitalistischen Produktionsverhältnissen wirksam begegnen zu können, unterbreitete SCHMID auf dem Parteitag der Sozialdemokratischen Partei Deutschlands folgendes Rezept:

> „Man muß ... von vornherein zu planen und zu lenken versuchen, um zu verhindern, daß der Übergang in der Welt der zweiten industriellen Revolution für Millionen zu einem Leidensweg wird."[3])

[1]) BERG: Nicht dramatisieren. In: „Die Welt", 5. Oktober 1956, S. 14.

[2]) Ebenda, „Keine zweite Revolution". S. 2.

[3]) SCHMID, zitiert bei SWORYKIN, A., Automatisierung und Arbeiterklasse. In: „Neue Zeit", Heft 37, 1956, S. 7.

Es steht außer Zweifel, daß die Anarchie der Produktion ein Grundzug des Kapitalismus ist. Wie die Erfahrungen aus der historischen Entwicklung bestätigen, bleibt die Planung der Volkswirtschaft unter den Bedingungen des kapitalistischen Eigentums an den Produktionsmitteln ein unrealisierbarer Wunsch. Die Voraussetzungen für die Volkswirtschaftsplanung können nur durch den revolutionären Kampf der Arbeiterklasse mit der Beseitigung der kapitalistischen und dem Aufbau der sozialistischen Gesellschaftsordnung geschaffen werden.

Auf dem Kölner Parteikongreß der Sozialdemokratischen Partei Deutschlands Anfang des Jahres 1956 erklärte DEIST, daß infolge der Automatisierung der Produktion immer weniger Menschen einen größeren Produktionsausstoß erzielen. Die vergrößerte Erzeugnismenge müßte auch abgesetzt werden, was angeblich in Westdeutschland zu einer Neuverteilung des Sozialproduktes und zur Erhöhung des Lebensstandardes der Arbeiterklasse führen würde. Werden die gegenwärtigen Verhältnisse in Westdeutschland betrachtet, so verschlingt die Militarisierung jedes Jahr viele Milliarden des Volkseinkommens und führt zur Erweiterung der Rüstungsindustrie, zur Einschränkung der Konsumgüterindustrie und damit des Massenkonsums. Eine Neuverteilung des Sozialproduktes erfolgt unter kapitalistischen Produktionsverhältnissen in der Richtung, daß die Produktionsmittelbesitzer, vor allem das Finanzkapital, sich maßlos bereichern und die Konzentration sowie Zentralisation des Kapitals sich auf Kosten des Massenkonsums der Arbeiter und Angestellten sowie der einfachen Warenproduzenten und der kleineren und mittleren kapitalistischen Unternehmer erhöht.

Der wirtschaftspolitische Referent des Parteivorstandes der Sozialdemokratischen Partei Deutschlands, PASS, erläuterte in einem Artikel die Frage der erhöhten Kapitalbildung infolge Automatisierung der Produktion und stützt sich hierbei auf Ansichten von schwedischen Sozialdemokraten und Gewerkschaftern.[1]) Auf einer Konferenz der Sozialdemokratischen Partei und des Gewerkschaftsbundes Schwedens im November 1955 über das Thema „Die Technik und die Gesellschaft von morgen“ wurde nämlich festgestellt, daß die erhöhte Kapitalbildung für die Zwecke der Einführung der Automatisierung durch die Konzerne und Monopole auf dem Wege der Einschränkung des Verbrauchs der Bevölkerung in der Form erfolgen könnte, daß die Gewerkschaften in Lohnfragen eine zurückhaltende Lohnpolitik unterstützen und daß Formen des kollektiven Sparens, z. B. Pensionsversicherungen, organisiert werden. Dadurch würde die Kaufkraft eingeschränkt und die Finanzierung der Neuinvestitionen für die Anwendung der Automatisierung in der Produktion ermöglicht. Das Ergebnis der gesteigerten Kapitalbildung, der verstärkte Zentralisations- und Konzentrationsprozeß des Kapitals, sei nicht zu hindern, denn es führe zur Demokratisierung des Kapitals. Letztere Auffassung wurde auf der o. a. Konferenz der schwedischen Sozialdemokraten und Gewerkschafter von ERLANDER vertreten. Diese Auffassung ist jedoch irreführend, da bei diesem Prozeß kein Rückgang des Privatkapitals und keine Aufhebung der kapitalistischen Eigentumsverhältnisse an den Produktionsmitteln

[1]) PASS, R. A., An der Wende des industriellen Zeitalters. In: „Vorwärts“, 1. Mai-Ausgabe vom 27. April 1956.

eintreten. Im Gegenteil, die Macht der Monopolverbände wird dadurch gestärkt und die Staatsmacht den Interessen der Monopole untergeordnet.

Von Ökonomen der USA werden Allheilmittel verkündigt, um die Arbeitslosigkeit als Folge der Automatisierung der Produktion zu verhindern bzw. zu mildern. So empfiehlt STURMTHAL, automatische Maschinen bei Konjunkturrückgängen nicht einzuführen.

> „Automatische Maschinen sollen dann eingeführt werden, wenn nach menschlichem Ermessen eine weitere Erhöhung der Nachfrage die Rationalisierung mit einer Erweiterung der Erzeugung verbinden wird. In diesem Fall wird wenigstens ein Teil der freigesetzten Arbeiter durch die Erzeugungssteigerung an dem Arbeitsplatz weitere Beschäftigung finden können."[1])

Auch DE BIVORT vom Internationalen Arbeitsamt beschäftigt sich mit einer Reihe von Faktoren, die die Auswirkungen der Automatisierung der Produktion auf die Beschäftigtenlage bremsen sollen, z. B. die Erhöhung des individuellen Verbrauchs, die Arbeitszeitverkürzung, die Verlängerung der Schulzeit und die Nichteinstellung von Arbeitskräften infolge des natürlichen Abgangs an Beschäftigten. Er kommt jedoch zu dem Ergebnis, daß es trotz Wirksamkeit dieser Faktoren Entlassungen von Arbeitskräften geben wird, die ein allgemeines soziales Problem darstellen[2]). Da die Einführung der Automatisierung in den kapitalistischen Ländern nicht planmäßig vor sich geht, sondern vom Profitstandpunkt und aus Konkurrenzgründen erfolgt, sind Rezepte dieser Art für die Kapitalisten bedeutungslos.

Die Arbeiterklasse in den kapitalistischen Ländern wird sich durch die Beschwichtigungsmanöver bürgerlicher Wissenschaftler sowie rechter sozialdemokratischer Partei- und Gewerkschaftsführer nicht irreführen lassen, sondern täglich in stärkerem Ausmaße durch ihre eigenen Erfahrungen erkennen, daß nur in der sozialistischen Gesellschaftsordnung die Automatisierung der Produktion ein Mittel zur grundlegenden Verbesserung ihrer sozialen Lage ist. So haben die sozialdemokratischen Werktätigen aus dem Unterbezirk München richtig erkannt, welche Gefahren die kapitalistische Automatisierung für die Arbeiterklasse in sich birgt. In ihrem Antrag an den Parteitag der Sozialdemokratischen Partei Deutschlands im Juli 1956 in München heißt es:

> „Die technische Entwicklung im Zeichen der Automatisierung der Produktionseinrichtungen bedingt als erste Folge Freistellung von Arbeitskräften und damit die Gefahr von Arbeitslosigkeit und erhöhte Existenzunsicherheit."[3])

Es besteht kein Zweifel, daß die Arbeiterklasse in Westdeutschland, dem Beispiel der Deutschen Demokratischen Republik folgend, fest entschlossen ist, den Weg des sozialen Fortschritts einzuschlagen, die Automatisierung der Produktion in ihre eigenen Hände zu nehmen und deren Ergebnisse zur grundlegenden Verbesserung ihrer sozialen Lage zu verwenden.

[1]) STURMTHAL, A., Möglichkeiten und Gefahren der Automatisierung. „Gewerkschaftliche Monatshefte", Juli 1956, S. 398.

[2]) DE BIVORT, H., Die Automation und ihre sozialen Konsequenzen. In: „Bundesarbeitsblatt", Heft 20, 1956, S. 676, 677.

[3]) Arbeiterklasse und technische Entwicklung. In: „Neues Deutschland", 28. Dezember 1956, S. 2.

Kapitel II

DIE STATISTISCHE ERMITTLUNG VON KENNZIFFERN DER MECHANISIERUNG UND AUTOMATISIERUNG SOWIE DER ARBEITSPRODUKTIVITÄT

Die in der Deutschen Demokratischen Republik entsprechend den wirtschaftspolitischen Aufgaben planmäßig geregelte Verteilung der finanziellen und materiellen Mittel zur weiteren Mechanisierung und Automatisierung von technologischen Prozessen muß zu einem möglichst hohen ökonomischen Nutzeffekt führen. Die Höhe des Nutzeffekts der Mechanisierung und Automatisierung wird jedoch entscheidend von der technologisch zweckmäßigen Festlegung der mit der neuen Technik auszurüstenden Produktionsprozesse bei gleichzeitiger Berücksichtigung von zeitlichen und regionalen Erfordernissen und durch die vorrangige Beachtung von Gesichtspunkten der Wirtschaftlichkeit bestimmt.

Zur volkswirtschaftlich rationellen Lösung dieser Aufgaben müssen die zuständigen Staats- und Wirtschaftsorgane Kenntnis über den Stand der Mechanisierung und Automatisierung, der Arbeitsproduktivität und über andere ökonomisch wichtige Kennziffern in nichtmechanisierten, mechanisierten und automatisierten Produktionsprozessen haben. Dadurch werden für eine ökonomisch günstige Einführung der modernen Technik in Betrieben und Wirtschaftszweigen bei gleichzeitiger Vermeidung von gesellschaftlichen Produktionsverlusten, z. B. auf Grund fehlerhafter Entscheidungen, die notwendigen Voraussetzungen geschaffen. Die statistischen Unterlagen auf diesem Gebiet ermöglichen ebenfalls eine aussagekräftige Berechnung bzw. Einschätzung von Auswirkungen der Mechanisierung und Automatisierung auf bestimmte Faktoren des Arbeitsprozesses, z. B. auf Veränderungen im Einsatz, in der beruflichen Struktur und in der Qualifikation der Arbeitskräfte, in den Arbeitsbedingungen, in der Höhe des Produktionsvolumens, in der Qualität der Erzeugnisse, in der Verkürzung der Fertigungszeit u. ä. m. Durch die exakte Bestimmung der methodischen Verfahren zur Messung des Grades und des ökonomischen Nutzeffekts der Mechanisierung und Automatisierung kann die Anwendung der modernen Technik in der Produktion wesentlich beschleunigt und damit die ökonomische Basis unserer Gesellschaftsordnung weiter gefestigt werden.

1. Die statistische Ermittlung von betrieblichen Kennziffern des Mechanisierungs- und Automatisierungsgrades

Zum Zweck der Ermittlung des Mechanisierungs- und Automatisierungsgrades kann unter Berücksichtigung von betrieblichen Besonderheiten im Arbeitsprozeß von den Kennziffern: Anzahl der Arbeitskräfte (physische Personen), Arbeitsaufwand der Arbeitskräfte und hergestellte Erzeugnismenge in der nichtmechanisierten, mechanisierten und automatisierten Produktion ausgegangen werden. Für die Untersuchung des Standes und der zeitlichen Veränderung der Mechanisierung und Automatisierung ist auch der Nachweis des Anteils der in mechanisierten und automatisierten technologischen Prozessen be- und verarbeiteten Rohstoffe und Rohmaterialien an dem gesamten Materialverbrauch (einschließlich dem der nichtmechanisierten technologischen Prozesse) von Bedeutung.

In der Sowjetunion wird die Bestimmung des Mechanisierungsgrades an Hand der mechanisierten Arbeit vorgenommen.

> „Mechanisierte Arbeiten sind solche, bei denen mit Hilfe von Maschinen, Geräten, Aggregaten und Vorrichtungen, die die Handarbeit ersetzen, Produkte erzeugt oder verarbeitet werden.“[1])

In vorstehender Definition der mechanisierten Arbeit wird kein Hinweis auf die Art der Antriebskraft für Arbeitsmaschinen gegeben. An anderer Stelle wird ergänzt, daß die mechanisierte Arbeit als Charakteristikum bestimmte Energiequellen hat.

> „Zu den Ausrüstungsgegenständen“, die der Bestimmung der mechanisierten Arbeit zugrunde gelegt werden, „gehören Maschinen, Geräte, Aggregate und Vorrichtungen, die durch mechanische Kraft, Elektroenergie, durch Druckluft oder hydraulisch bewegt werden sowie Einrichtungen, die unter Ausnutzung des Prinzips der Schwerkraft arbeiten.“[2])

Es wird für die ökonomisch tiefreichende Analyse des Standes und der zeitlichen Veränderung der Maschinenanwendung in technologischen Prozessen als erforderlich angesehen, in die Kennziffer der mechanisierten Arbeit auch die Arbeitsmaschinen usw. ohne Berücksichtigung der Art der Antriebskraft einzubeziehen. In periodisch durchgeführten betrieblichen Untersuchungen über den Bestand, die Leistungsfähigkeit und die Auslastung von Arbeitsmaschinen ist deren Gruppierung nach der Art der Antriebskraft von Wichtigkeit, da durch die Art der Antriebskraft die Leistungsfähigkeit der Produktionsinstrumente wesentlich beeinflußt wird. Die Gruppierung der Produktionsinstrumente nach der Art der Antriebskraft kann nach folgenden Kennziffern vorgenommen werden: menschliche Antriebskraft, Tierkraft, Wind, Wasser, Dampf, Druckluft, Explosionsmotore, Elektroenergie u. a. m. In der vorliegenden Untersuchung wird als mechanisierte und

[1]) SIROTIN, M., SCHAFRANSKI, W., Die Planung der Mechanisierung in der sowjetischen Industrie. Verlag Die Wirtschaft, Berlin 1956, S. 72.

[2]) Ebenda, S. 82.

automatisierte Arbeit die zweckmäßige Tätigkeit der unmittelbar in der Produktion eingesetzten Arbeitskräfte[1]) in mechanisierten und automatisierten technologischen Prozessen ohne Berücksichtigung der Art der Antriebskraft angesehen.

§ 1. *Der Mechanisierungs- und Automatisierungsgrad der Arbeit, ausgedrückt in der Arbeitskräftezahl*

Die Kennziffer des Mechanisierungsgrades der Arbeit (M°A)[2]), ausgedrückt in der Arbeitskräftezahl (physische Personen), ist ein Quotient, der sich aus der Anzahl der Arbeitskräfte in der mechanisierten Produktion und der Gesamtzahl der unmittelbar im Produktionsprozeß tätigen Arbeitskräfte (einschließlich der Arbeitskräfte in der nichtmechanisierten Produktion) zusammensetzt. Der Automatisierungsgrad der Arbeit (A°A), ausgedrückt in der Arbeitskräftezahl (physische Personen), wird durch das Verhältnis zwischen der Anzahl der Arbeitskräfte in der automatisierten Produktion und der Gesamtzahl der Arbeitskräfte im Produktionsprozeß (Anzahl der Arbeitskräfte in der nichtmechanisierten, mechanisierten und automatisierten Produktion) gekennzeichnet.

$$M°A = \frac{Mk}{Gk} \cdot 100 \qquad A°A = \frac{Ak}{Gk} \cdot 100$$

Mk bzw. Ak = Anzahl der Arbeitskräfte, die mechanisierte bzw. automatisierte Arbeit verrichten

Gk = Anzahl der Arbeitskräfte, die nichtmechanisierte, mechanisierte und automatisierte Arbeit verrichten

Beispiel 1

In einem Kalksteinbruch sind täglich insgesamt 100 Arbeitskräfte, darunter in der mechanisierten Kalksteingewinnung 60 Arbeitskräfte, eingesetzt.

$$M°A = \frac{60}{100} \cdot 100 = 60\%$$

Der Mechanisierungsgrad der Arbeit, ausgedrückt in der Arbeitskräftezahl, beträgt in der Kalksteinproduktion 60 Prozent. Dagegen liegt der Grad der nichtmechanisierten (manuellen) Arbeit bei 40 Prozent (NM°A).

$$NM°A = \frac{N\,Mk}{Gk} \cdot 100 = \frac{40}{100} \cdot 100 = 40\%$$

NMk = Anzahl der Arbeitskräfte, die nichtmechanisierte (manuelle) Arbeit verrichten

Zunächst gilt es, die betriebliche Ermittlung des Mechanisierungsgrades der Arbeit, ausgedrückt in der Arbeitskräftezahl, hinsichtlich der Anzahl der Arbeits-

[1]) Als Anzahl der Arbeitskräfte werden im nachstehenden Teil der Arbeit die Produktionsarbeiter und produktionstechnischen Fachkräfte, soweit sie nicht besonders gekennzeichnet sind, angesehen.

[2]) RYSHOW, J., Die statistische Erfassung des Mechanisierungsgrades in der Industrie und im Bauwesen der Sowjetunion. In: „Statistische Praxis“, Heft 12, 1952, S. 214.

kräfte (physische Personen), näher zu untersuchen. Die Anzahl der Produktionsarbeiter und der produktionstechnischen Fachkräfte ist eine Größe, die sich aus physischen Personen, die an einem bestimmten Stichtag oder während eines Berichtzeitraumes Arbeitsverrichtungen unmittelbar im Produktionsprozeß durchführen, zusammensetzt. Demzufolge kann der Mechanisierungs- und Automatisierungsgrad der Arbeit, ausgedrückt in der Arbeitskräftezahl, entweder für einen bestimmten Stichtag oder für einen Berichtszeitraum ermittelt werden. Wegen der notwendigen Vergleichbarkeit mit den Durchschnittszahlen der Beschäftigten in den einzelnen Beschäftigtengruppen der Arbeitskräfteplanung und -abrechnung, der Ausschaltung von saisonbedingten Einflüssen im Arbeitskräfteeinsatz u. ä. ist jedoch erforderlich, daß die Arbeitskräftezahl in den Kennziffern über den Stand der Mechanisierung und Automatisierung für einen bestimmten Berichtszeitraum ermittelt wird. Zu diesem Zweck ist die gesonderte Feststellung der Durchschnittszahlen der Arbeitskräfte in der mechanisierten und automatisierten Produktion der Betriebe zu veranlassen. Hierbei ist in den volkseigenen Betrieben nicht die zusätzliche Einführung eines neuen Berichtsformulars notwendig, sondern die betriebliche Ermittlung kann durch entsprechende Abänderung der vorhandenen listen- oder karteimäßigen Unterlagen für die Anzahl der Arbeitskräfte in den einzelnen Beschäftigtengruppen, die gewöhnlich in den Betriebsabteilungen geführt werden, erfolgen. Die Zuordnung der Arbeitskräfte, die während des Arbeitstages zeitweise mechanisierte und nichtmechanisierte Arbeitsverrichtungen durchführen, ist nach ihrer überwiegenden Tätigkeit in der mechanisierten bzw. nichtmechanisierten Produktion vorzunehmen. Wird eine tägliche listenmäßige Anschreibung der in den Betrieben lt. Arbeitsvertrag beschäftigten Arbeitskräfte für Arbeitsverrichtungen in bestimmten Beschäftigtengruppen durchgeführt, so ergibt sich die Durchschnittszahl der Produktionsarbeiter und produktionstechnischen Fachkräfte für die Gesamtproduktion und für die mechanisierte und automatisierte Produktion während einer Berichtsperiode aus der Summierung der täglichen Kennziffern für beide Beschäftigtengruppen und der Division durch die Zahl der Kalendertage während der Berichtsperiode. Die Berechnung der Durchschnittszahl der Arbeitskräfte z. B. in der mechanisierten Produktion (∅ Mk) erfolgt nach folgender Formel:

$$\varnothing \text{ Mk} = \frac{(\text{MkK}_1 + \text{MkK}_2 + \cdots \text{MkKn})}{(\text{K}_1 + \text{K}_2 + \cdots \text{Kn})}$$

K = Kalendertag

Sinngemäß ist auch die Berechnung der Durchschnittszahl der Arbeitskräfte, die nichtmechanisierte und automatisierte Arbeit verrichten, durchzuführen.

Der Ermittlung der Kennziffern des Mechanisierungs- und Automatisierungsgrades der Arbeit, ausgedrückt in der Arbeitskräftezahl, kann a) die Anzahl der durch einen Arbeitsvertrag im Betrieb eingestellten Arbeitskräfte oder b) die Anzahl der während eines Arbeitstages im Arbeitsprozeß tatsächlich tätigen Arbeitskräfte zugrunde gelegt werden. Die Kennziffer a) schließt auch die Anzahl der vorübergehend nicht im Arbeitsprozeß stehenden Arbeitskräfte ein, z. B. infolge Krankheit,

Urlaub, Wahrnehmung staatsbürgerlicher Verpflichtungen usw. Sie drückt aus, daß mit der lt. Arbeitsvertrag eingestellten Anzahl von Arbeitskräften der Plan der mechanisierten und automatisierten Produktion des Betriebes zu erfüllen ist. Diese Arbeitskräfte werden auch dann der Berechnung zugrunde gelegt, wenn sie zeitweilig an andere Betriebe abgegeben wurden, ohne daß eine Änderung ihres Arbeitsvertrages eintrat. Gesetzt den Fall, daß in der mechanisierten und automatisierten Produktion Arbeitskräfte dem Arbeitsplatz ferngeblieben sind, so werden sie in der täglichen Anschreibung weiterhin als Beschäftigte in der mechanisierten und automatisierten Produktion geführt. Je geringer die Anzahl der während des Arbeitstages anwesenden Arbeitskräfte, um so niedriger wird — vorausgesetzt, daß der Arbeitskräfteplan der Betriebe eine reale Grundlage hat — die Erfüllung des Planes der Bruttoproduktion und der Arbeitsproduktivität sein. Umgekehrt werden bei wirkungsvoller erzieherischer Arbeit die Stillstands- und Wartezeiten, das unentschuldigte Fernbleiben vom Arbeitsplatz, der Krankenstand usw. nur ein geringes Ausmaß haben. Als Folge wird eine Verbesserung der Organisation der Produktion und der Arbeitsdisziplin eintreten, die sich ökonomisch günstig auf die Steigerung der Arbeitsproduktivität und die Senkung der Selbstkosten auswirken wird. In der betrieblichen Praxis sind die Abweichungen zwischen dem arbeitsvertraglich festgelegten und dem tatsächlich erfolgten Arbeitskräfteeinsatz in der nichtmechanisierten, mechanisierten und automatisierten Produktion laufend zu beobachten und die Ursachen zu analysieren. Somit werden den betrieblichen und überbetrieblichen Organen Unterlagen bereitgestellt, auf deren Grundlage zweckmäßige Maßnahmen für die rationelle Verwendung der Arbeitskräfte ergriffen werden können.

In den volkseigenen Betrieben könnte die Ermittlung der Durchschnittszahl der Produktionsarbeiter und der produktionstechnischen Fachkräfte auch aus der Arbeitszeitrechnung, einem Bestandteil der Lohnrechnung des betrieblichen Rechnungswesens, erfolgen. Entsprechend dieser Methode wäre die Ermittlung des Mechanisierungs- und Automatisierungsgrades der Arbeit, ausgedrückt in der Arbeitskräftezahl, nach folgender Formel, gesondert für die Arbeitskräfte in der nichtmechanisierten, mechanisierten und automatisierten Produktion, zu berechnen:

$$\varnothing \mathrm{Mk} = \frac{(\mathrm{etMk} + \mathrm{atMk} - \mathrm{ütMk})}{\mathrm{KtMk}}$$

et = tatsächlich geleistete Arbeitszeit der Produktionsarbeiter und produktionstechnischen Fachkräfte während der Berichtsperiode in Arbeitsstunden

at = Arbeitszeitausfallstunden der gleichen Beschäftigtengruppen während der Berichtsperiode

üt = Überstunden der gleichen Beschäftigtengruppen während der Berichtsperiode

Kt = Kalenderarbeitsstunden je Person der gleichen Beschäftigtengruppen während der Berichtsperiode

Gegenüber der listenmäßigen Anschreibung der Arbeitskräfte ist die Methode der Ermittlung der Durchschnittszahl von Arbeitskräften über die Zeitrechnung umständlich und mit einer Erhöhung von Arbeitsaufwand und Kosten verbunden. Die Durchschnittszahl der Arbeitskräfte, die auf der Grundlage der Arbeitszeitrechnung ermittelt wird, stimmt mit der Methode der listenmäßigen Anschreibung der Arbeitskräfte überein, vorausgesetzt, daß der Arbeitskräfteeinsatz entsprechend den arbeitsvertraglichen Vereinbarungen in den festgelegten Beschäftigtengruppen erfolgt. In den volkseigenen Betrieben kann jedoch der tatsächliche Arbeitskräfteeinsatz von dem arbeitsvertraglich festgelegten infolge von Betriebsstörungen, Stockungen in der Materialzufuhr usw. in einzelnen Beschäftigtengruppen abweichen. Dadurch, daß z. B. Produktionsarbeiter Arbeitsverrichtungen in anderen Beschäftigtengruppen oder Arbeitskräfte anderer Beschäftigtengruppen Arbeitsverrichtungen in der Beschäftigtengruppe Produktionsarbeiter durchführen, tritt je nach dem Ausmaß dieser Abweichungen eine größere oder geringere Nichtübereinstimmung zwischen der Durchschnittszahl der Arbeitskräfte, die auf der Grundlage der Arbeitszeitrechnung und die auf dem Wege der listenmäßigen Anschreibung ermittelt wurde, ein. Gesetzt den Fall, daß Produktionsarbeiter Arbeitsverrichtungen in den Beschäftigtengruppen Produktionsarbeiter, technisches Personal, Wirtschaftler und Verwaltungspersonal ausüben, so erfolgt nach der Methode der Berechnung der Durchschnittszahl der Arbeitskräfte auf Grund der Unterlagen der Arbeitszeitrechnung eine gesonderte Zuordnung der tatsächlich geleisteten Arbeitszeit, der Arbeitszeitausfälle und der Überstunden auf die Beschäftigtengruppen Produktionsarbeiter, technisches Personal, Wirtschaftler und Verwaltungspersonal. Demzufolge wird die Durchschnittszahl der Arbeitskräfte in den einzelnen Beschäftigtengruppen nur eine fiktive Größe sein, die vom Arbeitskräfteeinsatz nach physischen Personen abweicht. Diese Berechnungsmethode der Durchschnittszahlen der Arbeitskräfte ist für die Zwecke der Arbeitskräftebilanzierung, für Maßnahmen auf dem Gebiet der Arbeitskräftelenkung, für die überbetriebliche Messung der Arbeitsproduktivität (Erzeugnismenge je physische Person) und zur Berechnung der Durchschnittslöhne (Durchschnittslohn je physische Person) unbrauchbar. Auch für die Berechnung der Lebenshaltungskosten, des Pro-Kopf-Verbrauchs volkswirtschaftlich wichtiger Erzeugnisse und des Reallohnes wird die Durchschnittszahl der Arbeitskräfte (physische Personen) bestimmter Beschäftigtengruppen und keine fiktive Größe der Beschäftigten zugrunde gelegt. Im betrieblichen Maßstab ist es jedoch von Wichtigkeit, die Auswirkungen des Arbeitskräfteeinsatzes auf Grund der Nichteinhaltung der arbeitsvertraglichen Vereinbarung zu kennen, um entsprechend den volkswirtschaftlichen Erfordernissen durch wirkungsvolle Maßnahmen rationelle Verhältnisse im Arbeitskräfteeinsatz herzustellen.

Schließlich bedeutet der Einsatz von Produktionsarbeitern z. B. für Arbeitsverrichtungen in der Beschäftigtengruppe Verwaltungspersonal oder umgekehrt, daß im Arbeitskräfteplan bestimmte Reserven enthalten bzw. Mängel vorhanden sind und daß sich auf Grund des nicht rationellen Einsatzes der Arbeitskräfte volkswirtschaftliche Verluste ergeben. Die Methode der Ermittlung der Durchschnittszahlen von Arbeitskräften auf dem Wege der Arbeitszeitrechnung ist deshalb für die Darstellung des Standes der Mechanisierung und Automatisierung nicht brauchbar.

In Betrieben mit teilmechanisierter oder teilautomatisierter Produktion kommt es vor, daß während des Arbeitstages zeitweise Arbeitskräfte sowohl in der mechanisierten als auch in der nichtmechanisierten Produktion Arbeitsverrichtungen durchführen. In diesen Fällen ist nach der überwiegenden Tätigkeit in der einen oder anderen Art der Produktion die listenmäßige Ermittlung der Arbeitskräfte vorzunehmen. Im Einsatz der produktionstechnischen Fachkräfte werden allgemein diese Verhältnisse nicht vorhanden sein.

Auf den Seiten 34 und 35 wurde bereits darauf hingewiesen, daß die Anzahl der unmittelbar in der materiellen Produktion eingesetzten Arbeitskräfte auf Grund ihrer Stellung im technologischen Prozeß der Betriebe zu bestimmten Gruppen (8 Beschäftigtengruppen) zusammengefaßt werden kann. Diese Gruppierung ermöglicht eine gründliche Übersicht über den Charakter der Arbeitsverrichtungen der Arbeitskräfte in der nichtmechanisierten, mechanisierten und automatisierten Produktion. Sie läßt auch Schlußfolgerungen über die Qualifikation und die berufliche Struktur der Arbeitskräfte zu. So werden Arbeitsverrichtungen wie die Kontrolle, die Einrichtung, die Wartung u. ä. im mechanisierten und automatisierten Produktionsablauf allgemein eine höhere Qualifikation erfordern als Arbeitsverrichtungen, wie z. B. die manuelle Bedienung von Arbeitsmaschinen. In die Kennziffern des Mechanisierungs- bzw. Automatisierungsgrades der Arbeit, ausgedrückt in der Arbeitskräftezahl, sind folgende Beschäftigtengruppen einzubeziehen:

1. Arbeitskräfte in vollautomatisierten technologischen Prozessen verbunden mit Elektronenanlagen (Ak1),
2. Arbeitskräfte in vollautomatisierten technologischen Prozessen ohne Elektronenanlagen (Ak2),
3. Arbeitskräfte in teilautomatisierten technologischen Prozessen (Ak3),
4. Arbeitskräfte in halbautomatisierten und vollmechanisierten technologischen Prozessen (Mk1),
5. Arbeitskräfte in teilmechanisierten technologischen Prozessen (Mk2).

Die Berechnung des Mechanisierungsgrades der Arbeit, ausgedrückt in der Arbeitskräftezahl, kann entsprechend nachstehender Formel durchgeführt werden:

$$\varepsilon M^\circ A = \frac{(Mk_1 + Mk_2)}{Gk} \cdot 100$$

Dagegen wird der Automatisierungsgrad der Arbeit, ausgedrückt in der Arbeitskräftezahl, folgendermaßen berechnet:

$$\varepsilon A^\circ A = \frac{(Ak_1 + Ak_2 + Ak_3)}{Gk} \cdot 100$$

Es wird für notwendig erachtet, den Mechanisierungs- und Automatisierungsgrad der Arbeit je nach dem Stand der Anwendung von modernen Arbeitsmaschinen für den gesamten betrieblichen Produktionsprozeß als auch für seine Teile (Arbeitsgänge, Arbeitsganggruppen, Fertigungsprozesse, Hilfs- und Nebenarbeiten) zu ermitteln[1]). Diese Forderung ist auch deshalb berechtigt, weil viele volkseigene Betriebe größere Anstrengungen für die Einführung der komplexen Mechanisierung und Automatisierung von Fertigungsprozessen und weitaus geringere für die der Hilfs- und Nebenarbeiten machen. So gibt es noch viele Betriebe, die trotz eines hohen Mechanisierungsgrades von Fertigungsprozessen den innerbetrieblichen Transport, Be- und Entladearbeiten usw. manuell ausführen und dadurch eine relativ große Anzahl von manuellen Arbeitskräften binden. Die Analyse über den Anteil der Arbeitskräfte in der mechanisierten und automatisierten Produktion an der Gesamtzahl der Arbeitskräfte in den einzelnen Teilen des betrieblichen Produktionsprozesses ist eine wesentliche Hilfe für die zuständigen Organe, damit sie durch wirksame Maßnahmen eine ökonomisch günstige Veränderung im Arbeitskräfteeinsatz herbeiführen können.

Der Mechanisierungs- und Automatisierungsgrad der Arbeit, ausgedrückt in der Arbeitskräftezahl, kann für mehrere Arbeitsgänge, Fertigungsprozesse usw. mit gleichartigen als auch mit ungleichartigen Erzeugnissen ermittelt und verglichen werden.

Beispiel 2

Fertigungsprozesse	Gk	Mk	M°A
Abraum von Gestein	380	120	32%
Abbau von Kalkstein	320	160	50%
Insgesamt	700	280	40%

Einen groben Überblick darüber, inwieweit die Arbeitskräfte in der nichtmechanisierten und mechanisierten Produktion Arbeitsverrichtungen ausüben, gewährt auch das im Rahmen von Berufserhebungen ermittelte Zahlenmaterial. Anhand der festgelegten Berufsbilder für die einzelnen Berufsbenennungen (ca. 17000) ist in vielen Fällen jedoch nicht ersichtlich, ob die Arbeitskräfte Tätigkeiten in der nichtmechanisierten oder mechanisierten Produktion verrichten. Die betrieblichen Ermittlungsarbeiten sind deshalb in der Richtung zu organisieren, daß a) bei Übereinstimmung der Merkmale der Berufsbilder mit der ausgeübten Tätigkeit je nach dem Charakter der überwiegend ausgeübten Tätigkeit die Zuordnung der einzelnen Berufe in der nichtmechanisierten oder mechanisierten Produktion und b) bei eventueller Nichtübereinstimmung der Merkmale der Berufsbilder mit der ausgeübten Tätigkeit die Zuordnung nach dem gleichen Gesichtspunkt erfolgt. Die Aussagekraft der Ergebnisse der Berufserhebungen besteht in einer brauchbaren Einschätzung des Niveaus der mechanisierten und nichtmechani-

[1]) In der vorliegenden Untersuchung wird die Mechanisierung der Verwaltungsarbeiten nicht behandelt. Diese ist für die Freistellung von Verwaltungskräften und ihren Einsatz in der materiellen Produktion von großer Bedeutung. Sie bedarf einer ständigen betrieblichen und überbetrieblichen Kontrolle.

sierten Arbeit und ermöglicht Schlußfolgerungen über den Grad der Anwendung von Wissenschaft und Technik durch die Werktätigen in den Betrieben der verschiedenen Wirtschaftszweige. Um in Verbindung mit einer Berufserhebung den Mechanisierungsgrad der Arbeit, ausgedrückt in der Arbeitskräftezahl, möglichst genau nachweisen zu können, ist jedoch in den Betrieb die gesonderte Ermittlung der Berufe für die mechanisierte und nichtmechanisierte Produktion und in den statistischen Organen die gesonderte Aufbereitung erforderlich. Soll in diesem Zusammenhang auch der Automatisierungsgrad der Arbeit festgestellt werden, erweitert sich das Erhebungsprogramm.

Welche Aussagekraft und welchen Verwendungszweck hat nun die Ermittlung des Mechanisierungs- und Automatisierungsgrades der Arbeit, ausgedrückt in der Arbeitskräftezahl? Diese Kennziffern des Mechanisierungs- und Automatisierungsgrades charakterisieren im wesentlichen den Stand und das Volumen des Arbeitskräfteeinsatzes in mechanisierten und automatisierten technologischen Prozessen im Vergleich zu den nichtmechanisierten. Sie geben Auskunft über eventuelle Mängel im Arbeitskräfteeinsatz in den Fertigungsprozessen, bei Hilfs- und Nebenarbeiten und erleichtern somit die zweckmäßige Anwendung von Arbeitsmaschinen in der Produktion. Gleichzeitig vermitteln sie Anhaltspunkte zur Ausbildung und Qualifizierung von Arbeitskräften. Dagegen sind die Kennziffern des Mechanisierungs- und Automatisierungsgrades der Arbeit, ausgedrückt in der Arbeitskräftezahl, nicht verwendbar, um den Anteil der nichtmechanisierten Arbeitsverrichtungen bei der Bedienung von Arbeitsmaschinen zu untersuchen. Sie geben auch keinen Einblick über den Stand und die zeitliche Veränderung von bestimmten Kennziffern des ökonomischen Nutzeffekts der Mechanisierung und Automatisierung, z. B. inwieweit durch die Maschinenanwendung die Arbeitsproduktivität anstieg, ob sich die Arbeitsbedingungen verbesserten, ob die Selbstkosten je Erzeugnis zurückgingen usw. Die Ermittlung der Kennziffern der Mechanisierungs- und Automatisierungsgrades der Arbeit, ausgedrückt in der Arbeitskräftezahl, ist jedoch ein wichtiger Ausgangspunkt, um den Mechanisierungs- und Automatisierungsgrad der Produktion[1]) für ungleichartige Erzeugnisse und Fertigungsprozesse zu berechnen. Somit ist zu schlußfolgern, daß die tiefreichende ökonomische Analyse des Standes und der zeitlichen Veränderung der Mechanisierung und Automatisierung nicht nur die Ermittlung und Aufbereitung der Kennziffern über die Anzahl der Arbeitskräfte in der nichtmechanisierten, mechanisierten und automatisierten Produktion erfordert, sondern auch solcher Kennziffern, die den Mechanisierungs- und Automatisierungsgrad mit Hilfe der Erzeugnismenge und des Materialverbrauchs ausdrücken und die Auskunft über den ökonomischen Nutzeffekt der mechanisierten und automatisierten technologischen Prozesse geben können. Diese Kennziffern sind in ihrem unmittelbaren Zusammenhang und in ihrer Wechselwirkung zu unter-

[1]) RYSHOW spricht vom Mechanisierungsgrad des Produktionsprozesses. Dieser Begriff wird nicht für zutreffend angesehen, da es sich ja um die Erzeugnismenge handelt, durch die der Mechanisierungsgrad der Produktion bestimmt wird.

RYSHOW, J., Die statistische Erfassung des Mechanisierungsgrades in der Industrie und im Bauwesen der Sowjetunion. In: „Statistische Praxis“, Heft 12, 1952, S. 214.

suchen, zu verallgemeinern und zur Festigung der ökonomischen Tätigkeit der Betriebe zu verwenden.

§ 2. *Der Mechanisierungs- und Automatisierungsgrad der Arbeit, ausgedrückt in tatsächlich geleisteten Arbeitsstunden*

Da in der mechanisierten Produktion vor allem durch die Bedienung von Arbeitsmaschinen teils ein erheblicher Umfang von manuellen Arbeitsverrichtungen notwendig ist und die Arbeitskräfte während des Arbeitstages sowohl in der mechanisierten als auch in der nichtmechanisierten Produktion zeitweise bestimmte Arbeitsverrichtungen durchführen können, besteht im Interesse der betrieblichen Ermittlung von aussagekräftigem Zahlenmaterial über die Kennziffern des Mechanisierungs- und Automatisierungsgrades der Arbeit die Notwendigkeit, die nichtmechanisierte, mechanisierte und automatisierte Arbeit der physischen Personen, ausgedrückt in Arbeitsstunden, festzustellen. Als Arbeitszeit in der nichtmechanisierten, mechanisierten und automatisierten Produktion wird die tatsächlich geleistete Arbeitszeit einschließlich Überstunden und ausschließlich Arbeitszeitausfallstunden wie Urlaub, Krankheit usw. angesehen. In der Kennziffer tatsächlich geleistete Arbeitszeit sind sowohl bei den Leistungslöhnern als auch bei den Zeitlöhnern unproduktive Zeitanteile, z. B. für natürliche Bedürfnisse und arbeitsbedingte Ruhepausen, mit enthalten. Bekanntlich sind diese unproduktiven Zeiten bei den Leistungslöhnern auch ein Bestandteil der Arbeitsnormvorgabezeiten. Abrechnungsmäßig wäre es nicht tragbar, diese unproduktiven Zeitbestandteile aus den verbrauchten Arbeitsnormstunden der Leistungslöhner bzw. bei den Zeitlöhnern aus den Zeitlohnstunden herauszulösen. Um betriebliche Reserven in der Ausnutzung des Arbeitstages aufzudecken, sind die Kennziffern der mechanisierten und automatisierten Arbeit, ausgedrückt in der Arbeitskräftezahl, in ihrer zeitlichen Veränderung mit den Kennziffern der mechanisierten und automatisierten Arbeit, ausgedrückt in tatsächlich geleisteten Arbeitsstunden, für einzelne Arbeitsgänge, Arbeitsganggruppen, Fertigungsprozesse usw. zu vergleichen. Die Abweichungen in der zeitlichen Veränderung dieser Kennziffern sind auf den unterschiedlichen Grad der produktiven Ausnutzung der Arbeitstage zurückzuführen. Sie sind gründlich zu analysieren und durch geeignete Maßnahmen auf ein ökonomisch günstiges Verhältnis zu bringen.

Auch für die betriebliche Ermittlung der tatsächlich geleisteten Arbeitszeit in der nichtmechanisierten, mechanisierten und automatisierten Produktion sind keine zusätzlichen Abrechnungsformulare einzuführen, sondern die in den Betrieben benutzten, z. B. die Lohnscheine, zu ergänzen. Der Mechanisierungs- bzw. Automatisierungsgrad der Arbeit, ausgedrückt in tatsächlich geleisteten Arbeitsstunden ($M^\circ At$ bzw. $A^\circ At$), ist ein Quotient, der sich aus der tatsächlich geleisteten Arbeitszeit in der mechanisierten bzw. automatisierten Produktion und der Gesamtproduktion zusammensetzt.

$$M^\circ At = \frac{Mt}{Gt} \cdot 100 \qquad A^\circ At = \frac{At}{Gt} \cdot 100$$

Mt = tatsächlich geleistete Arbeitszeit in der mechanisierten Produktion
At = tatsächlich geleistete Arbeitszeit in der automatisierten Produktion
Gt = tatsächlich geleistete Arbeitszeit in der Gesamtproduktion (nichtmechanisierte, mechanisierte und automatisierte)

Im Zuge der statistischen Aufbereitung und Auswertung von betrieblichen Kennziffern des Mechanisierungs- und Automatisierungsgrades, ausgedrückt in tatsächlich geleisteten Arbeitsstunden, ist in den volkseigenen Betrieben, in denen Beschäftigte während des Arbeitstages oder der Arbeitswoche sowohl in der mechanisierten und automatisierten als auch in der nichtmechanisierten Produktion zeitweise Arbeitsverrichtungen durchführen, eine Gruppierung der Beschäftigten nach dem Anteil der aufgewandten Arbeitszeit, z. B. in der mechanisierten Produktion, zweckmäßig. Je nach den konkreten betrieblichen Erfordernissen können die Arbeitskräfte, die unter 50 Prozent, von 50 bis unter 70 Prozent, von 70 bis unter 80 Prozent, von 80 Prozent und darüber ihrer tatsächlich geleisteten Arbeitszeit in der mechanisierten Produktion gearbeitet haben, gruppiert werden. Als betriebliche Arbeitsunterlagen eignen sich hierzu die Lohnscheine in Verbindung mit der Arbeitsplatzstammkartei. Das Ergebnis dieser Art von Aufbereitungs- und Auswertungsarbeiten sind aussagekräftige Übersichten, die Schwerpunkte für die Festlegung der zweckmäßigen Richtung in der weiteren Mechanisierung und Automatisierung bestimmter Betriebsabteilungen und ganzer Betriebe besser erkennen lassen.

Eine wichtige Aufgabe für die Analyse der Kennziffern des Mechanisierungs- und Automatisierungsgrades der Arbeit, ausgedrückt in tatsächlich geleisteten Arbeitsstunden, besteht auch in der Untersuchung des Arbeitsaufwandes der Arbeitskräfte, die ausschließlich an Arbeitsmaschinen tätig sind und diese zum Teil manuell bedienen, z. B. Bagger, Drehbänke, Pressen, Bohrwerke, Webstühle usw. Je umfassender die manuellen Arbeitsverrichtungen für die Maschinenbedienung, um so niedriger wird in der Regel der Wirkungsgrad der lebendigen Arbeit sein. Bekanntlich ist bei manuellen Arbeitsverrichtungen die Arbeitsproduktivität geringer als in mechanisierten und automatisierten technologischen Prozessen, die nur wenige bzw. keine manuellen Arbeitsverrichtungen erfordern. Die Analyse des Charakters der Arbeitsverrichtungen im Arbeitsprozeß ist von Wichtigkeit, um Reserven zur Steigerung der Arbeitsproduktivität zu erschließen. Die in volkseigenen Betrieben festgelegten Arbeitsnormvorgabezeiten für Arbeitsgänge, Arbeitsganggruppen, Fertigungsprozesse usw. müßten — soweit sie wissenschaftliche Arbeitsstudien als Grundlage haben — erkennen lassen:

1. den Zeitaufwand für die Kontrolle und Wartung des Produktionsablaufs an Maschinen (Maschinenzeit),
2. den Zeitaufwand für die manuelle Bedienung von Maschinen (Maschinenhandzeit) und
3. den Zeitaufwand für die unmittelbar manuelle Tätigkeit der Arbeitskräfte (Handzeit).

Die wissenschaftlichen Arbeitsstudien an den Arbeitsplätzen und über den Arbeitsablauf sind ein wichtiges Mittel für die Verwirklichung einer rationellen

Organisation der Produktion und der Arbeit sowie ein Ansporn für die schnelle Qualifikation der Werktätigen. Auf Grund der einzelnen Bestandteile der Arbeitsnormvorgabezeiten ist eine Untersuchung des Mechanisierungs- und Automatisierungsgrades der Arbeit, ausgedrückt in tatsächlich geleisteten Arbeitsstunden, in der Richtung möglich, daß der Anteil der Maschinenzeit oder der Maschinenhandzeit an der gesamten Arbeitsnormvorgabezeit der Leistungslöhner in der mechanisierten und automatisierten Produktion ermittelt wird. Wenn es die betrieblichen Abrechnungsunterlagen ohne wesentlichen zusätzlichen Arbeitsaufwand ermöglichen, die verschiedenen Bestandteile der verbrauchten Arbeitsnormzeit (Maschinenzeit, Maschinenhandzeit, Handzeit) festzustellen und aufzubereiten, kann auch auf dieser Grundlage verfahren werden. Vor allem in Betrieben mit relativ wenig Arbeitsnormen bestehen bei mechanisierter Aufbereitung günstige organisatorische Voraussetzungen für die periodische Ermittlung der Kennziffern über die Bestandteile der verbrauchten Arbeitsnormzeit. Zweifellos würden diese betrieblichen Aufbereitungs- und Auswertungsarbeiten zu wichtigen Aufschlüssen über das Ausmaß des manuellen Arbeitsaufwandes führen und die Durchführung von Aufgaben zur Reduzierung der Handzeit der Arbeitskräfte in der Produktion erleichtern bzw. beschleunigen. Auch lassen sich die Schwerpunkte für die Einführung hochleistungsfähiger Maschinen mit einem Mindestmaß an bzw. gänzlicher Ausschaltung der Handzeit durch diese betrieblichen Arbeitsunterlagen besser erkennen. Gleichzeitig gibt die Analyse über den Charakter der Arbeitsverrichtungen bei der Maschinenbedienung auch Anhaltspunkte zur Modernisierung der Produktionsinstrumente mit relativ geringen Mitteln, wobei die Modernisierung zu einem erheblichen Rückgang der Handzeit in den technologischen Prozessen führen kann. Das Ergebnis dieser Maßnahmen besteht vor allem in einer Steigerung der Arbeitsproduktivität.

Um auch die Zeitlöhner an der ständigen Reduzierung der nichtmechanisierten Arbeit und an einer rationellen Ausnutzung des Arbeitstages zu interessieren, gilt es, die in der Praxis erprobten und bewährten Prämiensysteme anzuwenden und die Voraussetzungen für die Einbeziehung der Zeitlöhner in die Leistungslohnarbeit auf dem Wege wissenschaftlicher Arbeitsstudien an den Arbeitsplätzen und über den Arbeitsablauf zu schaffen.

§ 3. *Der Mechanisierungs- und Automatisierungsgrad, ausgedrückt in der Erzeugnismenge*

Die Kennziffern des Mechanisierungs- und Automatisierungsgrades der Arbeit, ausgedrückt in der Arbeitskräftezahl und in tatsächlich geleisteten Arbeitsstunden, haben keine unmittelbare Aussagekraft über den Umfang der Erzeugnismenge, die durch Anwendung von Maschinen und maschinellen Anlagen und in der nichtmechanisierten Produktion erzeugt wurde. Allgemein trifft es zu, daß der Umfang der Erzeugnismenge bei gleicher Anzahl der Arbeitskräfte und gleicher Dauer des Arbeitstages in mechanisierten und automatisierten technologischen Prozessen gegenüber den nichtmechanisierten sehr unterschiedlich sein wird, d. h. er wird auf Grund des höheren Wirkungsgrades der lebendigen Arbeit bei Maschinenanwendung größer als bei Handarbeit sein. Wäre dies nicht der Fall, so würde sich für die Maschinenanwendung in den Betrieben kein Bedürfnis ergeben. Die Kennziffern über den Mechanisierungs- und Automatisierungsgrad der Arbeit, ausgedrückt in der Arbeitskräftezahl und tatsächlich geleisteten Arbeitsstunden, bedürfen der notwendigen Ergänzung durch die Kennziffer über den Mechanisierungs- und Automatisierungsgrad der Produktion, ausgedrückt in der Erzeugnismenge (M°P bzw. A°P). Somit wird auch die Messung bestimmter Kennziffern über den Nutzeffekt der mechanisierten und automatisierten technologischen Prozesse ermöglicht.[1]) Für den Zweck der betrieblichen Ermittlung des Mechanisierungs- und Automatisierungsgrades der Produktion, ausgedrückt in der Erzeugnismenge, sind ebenfalls die Abrechnungsunterlagen der Betriebe, z. B. in Form der Leistungsmeldungen, durch die Kennziffern der mechanisierten und automatisierten Erzeugnismenge als Darunterposition der gesamten Erzeugnismenge (einschließlich der nichtmechanisierten) zu ergänzen, so daß die zusätzliche Anwendung von Berichtsformularen wegfällt.

$$M^\circ P = \frac{Mq}{Gq} \cdot 100 \qquad A^\circ P = \frac{Aq}{Gq} \cdot 100$$

Mq = Erzeugnismenge der mechanisierten Arbeit
Aq = Erzeugnismenge der automatisierten Arbeit
Gq = Erzeugnismenge der Gesamtarbeit (einschließlich der nichtmechanisierten)

Beispiel 3

In der mechanisierten Produktion erzeugen 60 Arbeitskräfte 1000 Tonnen Kalkstein; im gleichen Zeitraum erzeugen 40 Arbeitskräfte in der nichtmechanisierten Produktion 200 Tonnen Kalkstein.

$$M^\circ P = \frac{Mq}{Gq} \cdot 100 = \frac{1000}{1200} \cdot 100 = 83\%$$

$$M^\circ A = \frac{Mk}{Gk} \cdot 100 = \frac{60}{100} \cdot 100 = 60\%$$

Der Mechanisierungsgrad der Produktion, ausgedrückt in der Erzeugnismenge, liegt bei 83 Prozent, der Mechanisierungsgrad der Arbeit, ausgedrückt in der Arbeitskräftezahl, nur bei 60 Prozent. Infolge des höheren Niveaus der Arbeitsproduktivität in der mechanisierten Produktion gegenüber der nichtmechanisierten liegt im Kalksteinbruch der Mechanisierungsgrad der Produktion über dem der Arbeit. Auf Grund dieses Beispiels ist zu schlußfolgern, daß in teilmechanisierten und teilautomatisierten technologischen Prozessen der Mechanisierungs- und Automatisierungsgrad der Produktion, ausgedrückt in der Erzeugnismenge, höher als der der Arbeit liegt. Nur in komplexmechanisierten und vollautomatisierten betrieblichen Produktionsprozessen wird eine Übereinstimmung der beiden Kennziffern her-

[1]) Näheres hierzu auf S. 75ff.

gestellt. Besteht diese Übereinstimmung nicht, ist das absolute und relative Niveau der Mechanisierung und Automatisierung durch eine vergleichende Analyse der Kennziffern, ausgedrückt in der Arbeitskräftezahl bzw. der tatsächlich geleisteten Arbeitsstunden und der Erzeugnismenge, zu charakterisieren.

In diesem Zusammenhang wäre noch zu erwähnen, daß bei komplizierten Erzeugnissen, wie Maschinen, die mehrere Betriebsabteilungen und Fertigungsstufen durchlaufen, der Mechanisierungs- und Automatisierungsgrad der Produktion, ausgedrückt in der Erzeugnismenge, für die Erzeugnisse jeder Fertigungsstufe der einzelnen Betriebsabteilungen festzustellen ist. Beispielsweise ist bei der Herstellung von meßgesteuerten Außenrundschleifmaschinen der Mechanisierungs- und Automatisierungsgrad der Produktion in der Form zu ermitteln, daß diese Kennziffern für die einzelnen Erzeugnisse der Fertigungsstufen festgestellt werden. Dann ist es möglich, eine zusammengefaßte Kennziffer des Mechanisierungs- und Automatisierungsgrades der Produktion für die verschiedenen Fertigungsstufen und ungleichartigen Erzeugnisse zu berechnen.[1])

§ 4. *Der Mechanisierungs- und Automatisierungsgrad, ausgedrückt im Materialverbrauch*

Aussagekräftig über den Stand der Mechanisierung und Automatisierung von technologischen Prozessen ist besonders in den be- und verarbeitenden Industriebetrieben auch die Kennziffer über den Anteil des Materialverbrauchs in der mechanisierten und automatisierten Produktion am Materialverbrauch der Gesamtproduktion (M°M bzw. A°M).

$$M°M = \frac{MM}{GM} \cdot 100 \qquad A°M = \frac{AM}{GM} \cdot 100$$

MM = Materialverbrauch der mechanisierten Arbeit
AM = Materialverbrauch der automatisierten Arbeit
GM = Materialverbrauch der Gesamtarbeit (einschließlich der nichtmechanisierten)

Soweit der Mechanisierungs- und Automatisierungsgrad, ausgedrückt im Materialverbrauch, von dem, ausgedrückt in der Erzeugnismenge, abweicht, können wichtige Erkenntnisse über eventuell hohe Materialverluste, z. B. durch Schwund, Ausschuß usw., im Produktionsablauf gewonnen werden. Der Mechanisierungs- und Automatisierungsgrad, ausgedrückt im Materialverbrauch, ist im Vergleich zu dem, ausgedrückt in der Arbeitskräftezahl, höher, da die Arbeitsproduktivität und somit auch der Materialverbrauch in der nichtmechanisierten Produktion niedriger als die Arbeitsproduktivität und der Materialverbrauch in der mechanisierten Produktion ist.

Die ökonomische Bedeutung der Kennziffern des Mechanisierungs- und Automatisierungsgrades, ausgedrückt im Materialverbrauch, besteht in erster Linie im inner- und überbetrieblichen Vergleich gleichartiger technologischer Prozesse und

[1]) Näheres hierüber auf S. 69ff.

Erzeugnisse, um Reserven im Materialverbrauch erschließen und um wirksame Vorschläge, z. B. für die Anwendung moderner technischer Verfahren, unterbreiten zu können. Die Kennziffer über den Mechanisierungs- und Automatisierungsgrad, ausgedrückt im Materialverbrauch, ist als wesentliche Ergänzung der Kennziffer über den Mechanisierungs- und Automatisierungsgrad der Produktion, ausgedrückt in der Erzeugnismenge, besonders in den Fertigungsprozessen mit auftretenden Materialverlusten, anzusehen. Die Auswertung dieser Kennziffer wird gleichzeitig zur Aufdeckung von Reserven in der Maschinenauslastung und in der Organisation der Arbeit führen.

2. Die statistische Ermittlung von betrieblichen Kennziffern der Arbeitsproduktivität sowie der Mechanisierung und Automatisierung

§ 1. *Die Messung des Niveaus der Arbeitsproduktivität sowie der Mechanisierung und Automatisierung*

In der Deutschen Demokratischen Republik wird in der Periode des 2. Fünfjahrplanes der Anstieg der Produktion in den Betrieben der materiellen Sphäre hauptsächlich durch die Steigerung der Arbeitsproduktivität erfolgen. Die Zunahme der Anzahl der Arbeitskräfte wird im volkswirtschaftlichen Maßstab trotz rationellen Einsatzes der vorhandenen Arbeitskräftereserven (Schulabgänger, Arbeitssuchende, Hausfrauen, Arbeitskräfte im rentenfähigen Alter u. a.) nicht nennenswert sein. In dieser Periode tritt ein Rückgang der Schulabgänger als wichtigster Quelle für den Ersatz- und Zusatzbedarf an Arbeitskräften und ein verstärkter Abgang von überalterten Arbeitskräften, bedingt durch die ungünstige Altersstruktur der Beschäftigten, ein. Diese beiden Tatsachen gehören zu den Folgen der imperialistischen Weltkriege.

Die in den Jahren des zweiten Fünfjahrplanes vorgesehenen Maßnahmen zur Mechanisierung und Automatisierung von technologischen Prozessen sind das wichtigste Mittel, um eine beschleunigte Entwicklung der sachlichen Produktivkräfte herbeizuführen und eine ununterbrochene Steigerung der Arbeitsproduktivität und Senkung der Selbstkosten der Produktion zu sichern. Die Einführung der modernen Technik macht ein höheres Niveau der Produktion und in umfassender Weise die Festlegung von technisch begründeten Arbeitsnormen, von wissenschaftlichen Maschinenauslastungs- und Materialverbrauchsnormen notwendig. Gleichzeitig wird entsprechend den mit der Einführung der modernen Technik sich verändernden Produktionsplänen eine Umverteilung von Arbeitskräften aus Wirtschaftszweigen mit Arbeitskräfteüberhang in Wirtschaftszweige mit Arbeitskräftebedarf erforderlich, die planvoll im Interesse der Festigung der ökonomischen Basis der Deutschen Demokratischen Republik und der Werktätigen zu lenken ist.

Die Mechanisierung und Automatisierung von technologischen Prozessen führt zum Rückgang der manuellen Arbeit und zur Steigerung der Arbeitsproduktivität, die die Einsparung von Arbeitszeit bzw. die Freistellung von Arbeitskräften zur Folge hat. Die Arbeitsproduktivität ist die Fähigkeit der nützlichen, konkreten

Arbeit, in einem gegebenen Zeitraum eine bestimmte Menge von Erzeugnissen (Gebrauchswerten) herzustellen.[1]) Sie ist somit eine Größe, die sich aus der Erzeugnismenge und dem für ihre Herstellung notwendigen Arbeitsaufwand zusammensetzt. Da eine Messung der Erzeugnismenge in ihrer Wertform nicht möglich ist[2]), kann vom Standpunkt des betrieblichen Produktionsprozesses aus die Darstellung der Arbeitsproduktivität mittels der Naturaleinheiten (Quotient aus Erzeugnismenge und der dafür aufgewandten Arbeitszeit) bzw. mittels der Arbeitseinheiten (Quotient aus der Menge der aufgewandten Arbeitszeit und der hergestellten Erzeugnismenge) erfolgen.[3]) Die Kennziffer: Erzeugnismenge je Zeiteinheit verhält sich umgekehrt proportional zur Kennziffer: Zeitmenge je Erzeugniseinheit. Wird z. B. die Kalksteinproduktion von 1200 Tonnen als q und die zu ihrer Herstellung aufgewandte Arbeitszeit von 100 Arbeitsstunden als t bezeichnet, so liegt das Niveau der Arbeitsproduktivität (AP) in Form der Kennziffer: Erzeugnismenge je Zeiteinheit bei 12 Tonnen je Arbeitsstunde.

$$AP = \frac{q}{t} = \frac{1200}{100} = 12$$

Dagegen beträgt ihr reziproker Wert: Zeitmenge je Erzeugniseinheit 0,08, d. h. für die Erzeugung 1 Tonne Kalkstein sind 0,08 Arbeitsstunden bzw. 4,8 Minuten erforderlich.

$$AP = \frac{t}{q} = \frac{100}{1200} = 0{,}08$$

Die Kennziffern der Arbeitsproduktivität auf der Grundlage der Naturaleinheiten bzw. ihr reziproker Wert können für jeden strukturell vergleichbaren Produktionsprozeß mit gleichartigen Erzeugnissen berechnet werden. Nur unter dieser Voraussetzung ist ein wissenschaftlicher Niveauvergleich der Arbeitsproduktivität für einzelne Arbeitsgänge, Arbeitsganggruppen, Fertigungsprozesse, Hilfs- und Nebenarbeiten und ganze Betriebe möglich. Soweit Unterschiede im Wirkungsgrad der lebendigen Arbeit bei einheitlicher Struktur der Produktionsprozesse bestehen, so ist beispielsweise in einem Produktionsprozeß die Anwendung von leistungsfähigen Maschinen umfassender oder die Ausnutzung der Arbeitszeit rationeller als bei einem anderen — gibt der Niveauvergleich der Arbeitsproduktivität wesentliche Anhaltspunkte für die Verbesserung der Organisation der Produktion und der Arbeit. Besonders für die Ermittlung der besten Stunden-, Tages- und Monatsleistung im Rahmen des sozialistischen Wettbewerbs von Mann zu Mann, von Brigade zu Brigade und von Betrieb zu Betrieb, der die Werktätigen für die Steigerung der Arbeitsproduktivität mobilisiert, ist der Niveauvergleich eine wichtige Grundlage.

[1]) MARX, Karl, Das Kapital. Bd. I, S. 51.

[2]) „Da die Produktivkraft der konkreten nützlichen Form der Arbeit angehört, kann sie natürlich die Arbeit nicht mehr berühren, sobald von ihrer konkreten nützlichen Form abstrahiert wird. Dieselbe Arbeit ergibt daher in denselben Zeiträumen stets dieselbe Wertgröße, wie immer die Produktivkraft wechsle." Ebenda, S. 51.

[3]) ROTSTEIN, Die Arbeitsproduktivität. In: „Sowjetwissenschaft", Heft 2, 1950, S. 34.

Die Veränderung der Arbeitsproduktivität wird von allen objektiven und subjektiven Faktoren im Arbeitsprozeß, die zu einer Verminderung bzw. Erhöhung des Arbeitsaufwandes in der Produktion führen, positiv bzw. negativ beeinflußt. Das wichtigste Mittel zur Steigerung der Arbeitsproduktivität ist jedoch die Mechanisierung und Automatisierung der Produktionsprozesse. Wie bereits erwähnt, ist die Arbeitsproduktivität und der Mechanisierungs- und Automatisierungsgrad der Produktion in der mechanisierten und automatisierten Produktion höher als in der nichtmechanisierten.

Beispiel 4

Zur Produktion von 1200 Tonnen Kalkstein werden 100 Arbeitsstunden aufgewandt; darunter beträgt die mechanisierte Produktion 1000 Tonnen und der hierfür erforderliche Arbeitsaufwand 60 Arbeitsstunden.

Die Kennziffern der Arbeitsproduktivität sowie des Mechanisierungsgrades der Arbeit und der Produktion haben demnach folgenden Stand:

1. $$M^\circ P = \frac{Mq}{Gq} \cdot 100 = \frac{1000}{1200} \cdot 100 = 83\%$$

2. $$M^\circ At = \frac{Mt}{Gt} \cdot 100 = \frac{60}{100} \cdot 100 = 60\%$$

3. $$APMq = \frac{Mq}{Mt} = \frac{1000}{60} = 16{,}7\ t$$

4. $$APNMq = \frac{NMq}{NMt} = \frac{200}{40} = 5\ t$$

5. $$APGq = \frac{Gq}{Gt} = \frac{1200}{100} = 12\ t$$

Die Arbeitsproduktivität je Arbeitsstunde liegt in der mechanisierten Produktion um das 3,3fache höher als die in der nichtmechanisierten (manuellen) Produktion, d. h. bei manueller Produktion von 1000 Tonnen Kalkstein wären 200 Arbeitsstunden bzw. bei der mechanisierten Produktion von 1200 Tonnen Kalkstein nur 72 Arbeitsstunden erforderlich.

Da die Arbeitszeit von physischen Personen im Arbeitsprozeß aufgewandt wird, kann die Erzeugnismenge auch im Verhältnis zur Anzahl der Arbeitskräfte (physische Personen), die unmittelbar lt. Arbeitsvertrag in der materiellen Produktion tätig sind, für die Messung des Niveaus der Arbeitsproduktivität dargestellt werden. Die Kennziffer: Erzeugnismenge je aufgewandte Arbeitsstunde hat jedoch nicht die gleiche Aussagekraft wie die Kennziffer: Erzeugnismenge je Arbeitskraft (physische Person), da die bestimmenden Faktoren des Niveaus der Arbeitsproduktivität in beiden Kennziffern verschieden sind. Z. B. liegen der Anzahl der physischen Personen die tatsächlich geleisteten und die Arbeitszeitausfallstunden zugrunde. Dagegen sind in der Kennziffer: Erzeugnismenge je aufgewandte Arbeitsstunde nur die tatsächlich im Arbeitsprozeß geleisteten Arbeitsstunden einbezogen. Gelingt es, bestimmte Arten der Arbeitszeitausfallstunden, wie für Krankheit, Stillstands- und Wartezeiten u. ä., zu vermindern, wird die Kennziffer: Erzeugnismenge je Arbeitskraft (physische Person) schneller als die Kennziffer: Erzeugnismenge je aufgewandte Arbeitsstunde ansteigen. Dies trifft z. B. für die Betriebe der sozialistischen Industrie in der Periode des ersten Fünfjahrplanes der Deutschen Demokratischen Republik zu. Die Kennziffer: Erzeugnismenge je Arbeitskraft, die in der Arbeitskräfteplanung und -abrechnung auch als Pro-Kopf-Leistung bezeichnet wird, hat für die Untersuchung des Standes und der zeitlichen Veränderung des Lebenshaltungskostenindexes, des Nominallohn- und Reallohnindexes und besonders für internationale Vergleiche eine große Bedeutung. Wegen ihrer größeren Anschaulichkeit wird diese Kennziffer auch in folgenden Beispielen dieser Arbeit angewandt.

Im Beispiel 4 wurde bei der Darstellung der Kennziffern des Niveaus der Arbeitsproduktivität sowie des Mechanisierungsgrades der Arbeit und der Produktion von einem gleichartigen Fertigungsprozeß ausgegangen. Gesetzt den Fall, daß diese Kennziffern für mehrere vergleichbare Fertigungsprozesse und gleichartige Erzeugnisse mit einem unterschiedlichen Niveau der Arbeitsproduktivität festgestellt werden, so können diese durch die Summierung der Größen, die für die Messung der Arbeitsproduktivität sowie des Mechanisierungsgrades der Arbeit und der Produktion notwendig sind, berechnet werden.

Beispiel 5

Kalksteinproduktion in Tonnen

Fertigungsprozesse	Gq	Mq	Gk	Mk	M°A	M°P
A	120000	90000	320	60	19%	75%
B	100000	60000	300	120	40%	60%
C	95000	90000	100	80	80%	95%
Insgesamt	315000	240000	720	260	36%	76%

Die Arbeitsproduktivität der mechanisierten Kalksteinproduktion liegt im Fertigungsprozeß A um das 4fache, im Fertigungsprozeß B um das 1,5fache, im Fertigungsprozeß C um das 1,2fache und für die 3 Fertigungsprozesse insgesamt um das 2,1fache höher als die Arbeitsproduktivität in der gesamten Kalksteinproduktion (mechanisierte und nichtmechanisierte). Für die Ermittlung des Koeffizienten der Arbeitsproduktivität (Ko), der angibt, um wievielmal die Arbeitsproduktivität in der mechanisierten Produktion höher ist als in der gesamten Produktion (mechanisierte und nichtmechanisierte), wird folgende Formel zugrunde gelegt:

$$\mathrm{Ko} = \frac{\mathrm{Mq}}{\mathrm{Mk}} : \frac{\mathrm{Gq}}{\mathrm{Gk}} = \frac{\mathrm{Mq} \cdot \mathrm{Gk}}{\mathrm{Mk} \cdot \mathrm{Gq}}$$

$$\mathrm{Ko\,A} = \frac{90\,000}{60} : \frac{120\,000}{320} = \frac{90000 \cdot 320}{60 \cdot 120000} = 4$$

Es gilt nun, die Frage zu klären, ob für die ungleichartige Erzeugnismenge verschiedener Fertigungsprozesse die Möglichkeit der Berechnung einer zusammengefaßten Kennziffer des Mechanisierungsgrades der Produktion besteht. Beispielsweise weist RYSHOW darauf hin, daß die Kennziffer des „Mechanisierungsgrades des Produktionsprozesses" in der Sowjetunion nur für bestimmte volkswirtschaftlich wichtige Produktionsprozesse ermittelt wird.[1]) Auch SAWINSKI spricht in diesem Zusammenhang nur von einem Koeffizienten der „Mechanisierung einzelner Arbeitsverrichtungen"[2]). Zur Frage der Ermittlung des Mechanisierungs- und Automatisierungsgrades der Produktion bei ungleichartigen Erzeugnissen verschiedener Fertigungsprozesse fehlen bei RYSHOW und auch bei SAWINSKI entsprechende Ausführungen. Die Berechnung einer zusammengefaßten Kennziffer des Mechanisierungsgrades der Produktion mit ungleichartigen Erzeugnissen und verschiedenen Fertigungsprozessen ist jedoch für die Verwirklichung planvoller Maßnahmen zur Mechanisierung und Automatisierung sowie für die Bestimmung von Kennziffern des ökonomischen Nutzeffekts der Mechanisierung und Automatisierung von volkswirtschaftlicher Wichtigkeit.

Nach welcher Methode kann nun eine zusammengefaßte Kennziffer des Mechanisierungs- und Automatisierungsgrades der Produktion für ungleichartige Erzeugnisse und verschiedene Fertigungsprozesse berechnet werden?[3])

Beispiel 6

Fertigungsprozesse	Gq	Mq	Gk	Mk	M°A	M°P
1. Abraum von Gestein cbm	240000	180000	380	120	32%	75%
2. Abbau von Kalkstein t	110000	70000	320	160	50%	64%

Die nicht vergleichbare Erzeugnismenge (Abraum von Gestein und Abbau von Kalkstein) könnte nun mittels Äquivalenzziffern, z. B. unveränderlichen Preisen als Ausdruck des Wertes oder des Arbeitsaufwandes in Arbeitsstunden, vergleichbar gemacht werden. Somit fungierten die Äquivalenzziffern als Surrogate für die jeweilige Erzeugnismenge. Es würde also das gleiche Prinzip zugrunde liegen, wie wir es von der derzeitigen Methode der Produktions- und Arbeitsproduktivitätsstatistik her

[1]) RYSHOW, J., Die statistische Erfassung des Mechanisierungsgrades in der Industrie und im Bauwesen der Sowjetunion. In: „Statistische Praxis", Heft 12, 1952, S. 215.

[2]) SAWINSKI, D. W., Lehrbuch der Industriestatistik. S. 349.

[3]) Nachstehende Methode wurde vom Verfasser im Jahre 1952 bei Untersuchungen über die Entwicklung der Mechanisierung im VEB Kalk-, Zement- und Beton-Werke in Rüdersdorf mit Erfolg angewandt. Auch PETROW empfiehlt in dem im Jahre 1954 in der DDR erschienenen Buch „Grundriß der Wirtschaftsstatistik", ausgehend von den sowjetischen Erfahrungen auf dem Gebiet der Mechanisierung, nach einer ähnlichen Berechnungsmethode zu verfahren.

PETROW, A. I., Grundriß der Wirtschaftsstatistik. Verlag Die Wirtschaft, Berlin 1954, S. 141, 142.

kennen. In diesem Zusammenhang braucht jedoch auf die Methode der Messung der Arbeitsproduktivität sowie des Mechanisierungs- und Automatisierungsgrades der Produktion mittels Äquivalenzziffern nicht näher eingegangen zu werden.

Entsprechend dem Beispiel 6 sind für die Berechnung des Mechanisierungsgrades der Produktion für ungleichartige Erzeugnisse und verschiedene Fertigungsprozesse folgende Rechenoperationen erforderlich:

1. Der Mechanisierungsgrad der Arbeit, ausgedrückt in der Arbeitskräftezahl, liegt für beide Fertigungsprozesse (Abraum von Gestein und Abbau von Kalkstein) bei 40 Prozent.

$$M°A = \frac{(Mk_1 + Mk_2)}{(Gk_1 + Gk_2)} \cdot 100 = \frac{120 + 160}{380 + 320} \cdot 100 = 40\%$$

2. Die Arbeitsproduktivität im mechanisierten Abraum von Gestein beträgt je Arbeitskraft 1500 cbm und im mechanisierten Abbau von Kalkstein je Arbeitskraft 438 Tonnen.

$$AP = \frac{Mq}{Mk}$$

$$AP_1 = \frac{180000}{120} = 1500 \text{ cbm} \qquad AP_2 = \frac{70000}{160} = 438 \text{ t}$$

3. Für den gesamten Abraum von Gestein beträgt die Arbeitsproduktivität je Arbeitskraft 632 cbm und für den gesamten Abbau von Kalkstein je Arbeitskraft 344 Tonnen.

$$AP = \frac{Gq}{Gk}$$

$$AP_1 = \frac{240000}{380} = 632 \text{ cbm} \qquad AP_2 = \frac{110000}{320} = 344 \text{ t}$$

4. Die Arbeitsproduktivität je Arbeitskraft ist im mechanisierten Abraum von Gestein um das 2,37fache (Ko1) und im mechanisierten Abbau von Kalkstein um das 1,27fache (Ko2) höher als die Arbeitsproduktivität je Arbeitskraft im gesamten Abraum von Gestein und im gesamten Abbau von Kalkstein (mechanisierte und nichtmechanisierte Produktion). Die beiden Koeffizienten Ko_1 und Ko_2 werden nach der Formel

$$\frac{Mq}{Mk} : \frac{Gq}{Gk}$$

berechnet, d. h.

$$Ko_1 = \frac{180000 \cdot 380}{120 \cdot 240000} = 2{,}37 \text{ u. } Ko_2 = \frac{70000 \cdot 320}{160 \cdot 110000} = 1{,}27$$

5. Die Berechnung des durchschnittlichen Koeffizienten (∅ Ko) für beide Fertigungsprozesse, der angibt, um wievielmal die Arbeitsproduktivität je Arbeitskraft in der mechanisierten Produktion höher ist als in der Gesamtproduktion, wird

mittels Gewichtung vorgenommen und beträgt 1,74. Als Gewicht wird die Anzahl der Arbeitskräfte in der mechanisierten Produktion verwendet.

$$\varnothing \text{ Ko} = \frac{(\text{Mk}_1 \cdot \text{Ko}_1 + \text{Mk}_2 \cdot \text{Ko}_2)}{(\text{Mk}_1 + \text{Mk}_2)} = \frac{120 \cdot 2{,}37 + 160 \cdot 1{,}27}{120 + 160} = 1{,}74$$

6. Der durchschnittliche Mechanisierungsgrad der Produktion für die beiden Fertigungsprozesse (∅ M°P) beträgt 70 Prozent und ergibt sich aus dem durchschnittlichen Mechanisierungsgrad der Arbeit für die beiden Fertigungsprozesse (∅ M°A), multipliziert mit dem durchschnittlichen Koeffizienten, der angibt, um wievielmal die Arbeitsproduktivität je Arbeitskraft in der mechanisierten Produktion höher ist als in der Gesamtproduktion der beiden Fertigungsprozesse.

$$\varnothing \text{ M°P} = \varnothing \text{ M°A} \cdot \varnothing \text{ Ko} = 40 \cdot 1{,}74 = 70\%$$

Als Beweis für die richtige formelmäßige Ableitung der Berechnung des durchschnittlichen Mechanisierungsgrades der Produktion für die ungleichartigen Erzeugnisse der beiden Fertigungsprozesse ist anzuführen, daß der je Fertigungsprozeß ermittelte Koeffizient, der angibt, um wievielmal die Arbeitsproduktivität je Arbeitskraft in der mechanisierten Produktion höher ist als in der Gesamtproduktion, multipliziert mit dem Mechanisierungsgrad der Arbeit des jeweiligen Fertigungsprozesses, den Mechanisierungsgrad der Produktion des gleichen Fertigungsprozesses ergibt.

a) Abraum von Gestein:

$$\text{M°P} = \text{M°A} \cdot \text{Ko} = 31{,}578 \cdot 2{,}37 = 75\%$$

b) Abbau von Kalkstein:

$$\text{M°P} = \text{M°A} \cdot \text{Ko} = 50 \cdot 1{,}27 = 64\%$$

Nach vorstehender Berechnungsmethode kann in den Betrieben mit ungleichartigen Erzeugnissen für Arbeitsgänge, Arbeitsganggruppen, Fertigungsprozesse und Betriebsabteilungen sowie für ganze Betriebe der Stand des Mechanisierungs- und Automatisierungsgrades der Produktion gemessen werden. Die Voraussetzung hierfür besteht in der gesonderten betrieblichen Erfassung der Kennziffern über die Anzahl der Arbeitskräfte (Produktionsarbeiter und produktionstechnische Fachkräfte) oder deren tatsächlich geleistete Arbeitszeit und der Erzeugnismenge in der nichtmechanisierten, mechanisierten und automatisierten Produktion. Auf die rationelle Form der Ermittlung dieser Kennziffern aus den betrieblichen Abrechnungsunterlagen wurde bereits auf den Seiten 54 und 63 hingewiesen.

Neben der Messung des Niveaus der Arbeitsproduktivität und des Mechanisierungs- und Automatisierungsgrades der Produktion und der Arbeit hat die Statistik in der Deutschen Demokratischen Republik die Aufgabe, die zeitliche Veränderung, z. B. von Monat zu Monat, von Quartal zu Quartal und von Jahr zu Jahr, zu untersuchen. Der Messung der zeitlichen Veränderung dieser Kennziffern kommt eine wesentlich größere Bedeutung als der Feststellung ihres Niveaus zu.

§ 2. *Die Messung der Veränderung der Arbeitsproduktivität sowie des Mechanisierungs- und Automatisierungsgrades*

Die Messung der Veränderung der Arbeitsproduktivität sowie des Mechanisierungs- und Automatisierungsgrades gibt Aufschluß über die Erfolge bzw. Mißerfolge der Werktätigen bei der Einsparung von Arbeit, z. B. auf Grund der Veränderung der Organisation der Produktion und der Arbeit und anderer Faktoren. Dies geschieht durch die Berechnung von Indizes, die die Steigerung bzw. den Rückgang der Arbeitsproduktivität sowie der Mechanisierung und Automatisierung in den Betrieben charakterisieren. Die Indizes der Arbeitsproduktivität und des Mechanisierungs- und Automatisierungsgrades der Arbeit und der Produktion orientieren die Betriebsleitungen und übergeordneten Organe auf Schwerpunkte des wirtschaftlichen Aufbaus und sind Ausgangspunkt für die Vorbereitung und Durchführung von Maßnahmen zur Verbesserung der materiellen und kulturellen Lage der Werktätigen. Zur Bedeutung der Messung der Veränderung der Arbeitsproduktivität ist in umfassender Form von BEHRENS und RICHTER Stellung genommen worden, so daß im Rahmen der vorliegenden Arbeit auf eine Wiederholung verzichtet werden kann.[1])

Die Arbeitsproduktivität entwickelt sich je nach dem Ausmaß der Mechanisierung und Automatisierung sowie anderer Faktoren in den einzelnen Industriezweigen der Deutschen Demokratischen Republik ungleichmäßig.[2]) Hinsichtlich der Freistellung von Arbeitskräften auf Grund der Steigerung der Arbeitsproduktivität bewirkt die ungleichmäßige Entwicklung, daß sich in einzelnen Industriezweigen nicht nur eine relative, sondern auch eine absolute Freistellung von Arbeitskräften ergeben kann. Eine absolute Freistellung von Arbeitskräften tritt dann ein, wenn die Arbeitsproduktivität schneller wächst als die geplante bzw. in der Volkswirtschaft benötigte Erzeugnismenge. Diese Tatsache, die bisher in der ökonomischen Tätigkeit der Betriebe und überbetrieblichen Organe nicht zuletzt auf Grund der im ersten Fünfjahrplan vorhandenen Arbeitskräftereserven ungenügend beachtet wurde, hat für die Arbeitskräftelenkung, die Berufsausbildung und für die Qualifizierung der bereits im Arbeitsprozeß stehenden Werktätigen eine große Bedeutung. Nehmen wir an, daß sich durch Mechanisierung und Automatisierung von Maschinenbaubetrieben der Bedarf von Rohmaterialien aus den Betrieben der Grundstoffindustrie erhöht und daß in diesen Betrieben zur Zeit die Mechanisierung und Automatisierung bestimmter technologischer Prozesse ökonomisch nicht zweckmäßig wäre. Damit könnte in den Maschinenbaubetrieben auf Grund von Stockungen in der Materialversorgung ein unkontinuierlicher Produktionsausstoß eintreten. Ergäbe die schnellere Steigerung der Arbeitsproduktivität gegenüber der Erzeugnismenge eine absolute Freistellung von Arbeitskräften, so wäre durch

[1]) BEHRENS, Fritz, Die Arbeitsproduktivität. Zweite erweiterte Auflage, Leizpig 1953; RICHTER, Gerhard, Grundfragen der Messung der Arbeitsproduktivität. Diskussionsbeiträge zu Wirtschaftfragen, Heft 4, 1953.

[2]) Statistisches Jahrbuch der Deutschen Demokratischen Republik. Deutscher Zentralverlag, Berlin 1956, S. 119.

planvolle Maßnahmen unter Berücksichtigung der Wünsche der Werktätigen ein anderweitiger Einsatz der freigestellten Arbeitskräfte zu organisieren. In den Betrieben der Grundstoffindustrie würde jedoch die Arbeitskräftelage auf Grund des Zurückbleibens der Arbeitsproduktivität sehr kompliziert werden. Die Steigerung der Erzeugnismenge wäre unter den gegebenen Voraussetzungen hauptsächlich nur durch die absolute Zunahme der Anzahl der Arbeitskräfte möglich. Wären für den Zusatzbedarf an Arbeitskräften in den Betrieben der Grundstoffindustrie vorübergehend keine entsprechenden Arbeitskräftereserven in der Wirtschaft vorhanden, könnten ernsthafte Schwierigkeiten auftreten, die die Auslastung der durch die Mechanisierung und Automatisierung in den Maschinenbaubetrieben geschaffenen Kapazitäten in Frage stellte. Auf Grund der angespannten Arbeitskräftelage in der Wirtschaft der Deutschen Demokratischen Republik gilt es deshalb, im zweiten Fünfjahrplan die Tendenzen der ungleichmäßigen Steigerung der Arbeitsprodutivität in den einzelnen Industriezweigen auf alle Fälle genau zu beachten und im Rahmen der Volkswirtschaftsplanung ökonomisch wirkungsvoll zu beeinflussen.

Werden die Kennziffern des Standes der Arbeitsproduktivität sowie der Mechanisierung und Automatisierung der Arbeit und der Produktion einer Berichtsperiode mit denen einer Basisperiode verglichen, so läßt sich das Ausmaß der zeitlichen Veränderungen dieser Kennziffern als Index ausdrücken. In der nachstehenden Übersicht wird eine gleichartige Erzeugnismenge eines Fertigungsprozesses zwischen zwei Zeiträumen vorausgesetzt.

Beispiel 7

Kalksteinproduktion in Tonnen

Zeitraum	Gq	Mq	Gk	Mk	$\frac{Gq}{Gk}$	$\frac{Mq}{Mk}$	M°A	M°P
Berichtsmonat (^{n})	80000	60000	400	120	200	500	30%	75%
Basismonat (°)	75000	40000	450	130	167	308	29%	53%

Die Kennziffern der zeitlichen Veränderung der Arbeitsproduktivität sowie des Mechanisierungsgrades der Arbeit und der Produktion werden folgendermaßen berechnet:

1. Der Index der Arbeitsproduktivität für die gesamte Kalksteinproduktion (JAPGq) beträgt 120 Prozent (Basisperiode = 100).

$$\text{JAPGq} = \left(\frac{Gq^n}{Gk^n} : \frac{Gq^\circ}{Gk^\circ}\right) \cdot 100 = \left(\frac{Gq^n \cdot Gk^\circ}{Gk^n \cdot Gq^\circ}\right) \cdot 100 = \left(\frac{80000 \cdot 450}{400 \cdot 75000}\right) \cdot 100 = 120\%$$

2. Der Index der Arbeitsproduktivität für die mechanisierte Kalksteinproduktion (JAPMq) liegt bei 163 Prozent (Basisperiode = 100).

$$\text{JAPMq} = \left(\frac{Mq^n}{Mk^n} : \frac{Mq^\circ}{Mk^\circ}\right) \cdot 100 = \left(\frac{Mq^n \cdot Mk^\circ}{Mk^n \cdot Mq^\circ}\right) \cdot 100 = \left(\frac{60000 \cdot 130}{120 \cdot 40000}\right) \cdot 100 = 163\%$$

3. Der Index des Mechanisierungsgrades der Arbeit ist um 4 Prozent angestiegen.

$$JM°A = \frac{M°A^n}{M°A^o} \cdot 100 = \frac{30}{29} \cdot 100 = 104\%$$

4. Die Zunahme des Indexes des Mechanisierungsgrades der Produktion beträgt 141 Prozent (Basisperiode = 100).

$$JM°P = \frac{M°P^n}{M°P^o} \cdot 100 = \frac{75}{53} \cdot 100 = 141\%$$

Der relativ geringen Zunahme des Mechanisierungsgrades der Arbeit (um 4 Prozent) steht die starke Zunahme des Mechanisierungsgrades der Produktion (um 41 Prozent) gegenüber, die im angeführten Beispiel auf die schnellere Steigerung der Arbeitsproduktivität in der mechanisierten Kalksteinproduktion gegenüber der in der nichtmechanisierten Produktion zurückzuführen ist.

Die Messung der Kennziffer der zeitlichen Veränderung des Mechanisierungs- und Automatisierungsgrades der Produktion für ungleichartige Erzeugnisse und verschiedene Fertigungsprozesse kann nach der auf den Seiten 69 bis 71 dargestellten Berechnungsmethode erfolgen.

Beispiel 8

Zeitraum	Gq	Mq	Gk	Mk	$\frac{Gq}{Gk}$	$\frac{Mq}{Mk}$	M° A	M° P
Berichtsmonat								
Abbau v. Kalkstein t	125000	100000	400	100	313	1000	25%	80%
Abraum v. Gestein cbm	18000	15000	300	150	60	100	50%	83%
Basismonat								
Abbau v. Kalkstein t	120000	80000	450	90	267	889	20%	67%
Abraum v. Gestein cbm	17000	13000	350	150	49	87	43%	76%

Die Kennziffer des Mechanisierungsgrades der Arbeit für beide Erzeugnisse liegt in der Berichtsperiode bei 36 Prozent, in der Basisperiode bei 30 Prozent und der Index (JM°A) bei 120 Prozent (Basisperiode = 100).

$$JM°A = \frac{M°A^n}{M°A^o} \cdot 100 = \frac{36}{30} \cdot 100 = 120\%$$

Die zusammengefaßte Kennziffer des Mechanisierungsgrades der Produktion für die Kalksteingewinnung und die Abraumleistung ergibt sich

1. aus der Berechnung eines Mittelwertes, der sich aus der Anzahl der Arbeitskräfte in der mechanisierten Produktion und dem Koeffizienten, der angibt, um wievielmal die Arbeitsproduktivität je Arbeitskraft in der mechanisierten Produktion höher ist als die in der Gesamtproduktion (einschließlich der nichtmechanisierten). Hierfür sind folgende Rechenoperationen erforderlich:

a) in der Berichtsperiode ist die Arbeitsproduktivität je Arbeitskraft in der mechanisierten Kalksteingewinnung um das 3,2fache (Ko_1^n) und in der mechanisierten Abraumleistung um das 1,6fache (Ko_2^n) höher als jeweils in der Gesamtproduktion für beide Fertigungsprozesse. In der Basisperiode betrugen die entsprechenden Koeffizienten in der Kalksteingewinnung 3,3 Prozent (Ko_1°) und in der Abraumleistung 1,8 Prozent (Ko_2°).

b) Der durchschnittliche Koeffizient ($\varnothing$ Ko), der angibt, um wievielmal die Arbeitsproduktivität in der mechanisierten Produktion höher ist als die in der Gesamtproduktion für beide Erzeugnisse, ergibt sich aus folgender Berechnung:

$$\varnothing\, Ko = \frac{(Mk_1 \cdot Ko_1 + Mk_2 \cdot Ko_2)}{(Mk_1 + Mk_2)}$$

Demnach ist $\varnothing\, Ko^n = 1{,}88$

und $\varnothing\, Ko^\circ = 2{,}37$

Der durchschnittliche Koeffizient ist um 3,8 Prozent in der Berichtsperiode niedriger als in der Basisperiode. Die Formel für diesen Index lautet:

$$J\varnothing\, Ko = \left(\frac{(Mk_1^n \cdot Ko_1^n + Mk_2^n \cdot Ko_2^n)}{(Mk_1^n + Mk_2^n)} : \frac{(Mk_1^\circ \cdot Ko_1^\circ + Mk_2^\circ \cdot Ko_2^\circ)}{(Mk_1^\circ + Mk_2^\circ)}\right) \cdot 100$$

$$= \left(\frac{(Mk_1^n \cdot Ko_1^n + Mk_2^n \cdot Ko_2^n) \cdot (Mk_1^\circ + Mk_2^\circ)}{(Mk_1^n + Mk_2^n) \cdot (Mk_1^\circ \cdot Ko_1^\circ + Mk_2^\circ \cdot Ko_2^\circ)}\right) \cdot 100 = \frac{2{,}28}{2{,}37} \cdot 100 = 96{,}2\%$$

Die zusammengefaßte Kennziffer des Mechanisierungsgrades der Produktion für beide Fertigungsprozesse ergibt sich

2. aus der Multiplikation des Mechanisierungsgrades der Arbeit für beide Erzeugnisse mit dem durchschnittlichen Koeffizienten, der angibt, um wievielmal die Arbeitsproduktivität in der mechanisierten Produktion höher ist als die in der mechanisierten und nichtmechanisierten für beide Erzeugnisse

$$\varnothing\, M^\circ P^n = \varnothing\, M^\circ A^n \cdot \varnothing\, Ko^n = 36 \cdot 2{,}28 = 82\%$$

$$\varnothing\, M^\circ P^\circ = \varnothing\, M^\circ A^\circ \cdot \varnothing\, Ko^\circ = 30 \cdot 2{,}37 = 71\%$$

Der Index des Mechanisierungsgrades der Produktion für beide Erzeugnisse beträgt 115 Prozent (Basisperiode = 100).

$$J\,\varnothing\, M^\circ P = \frac{\varnothing\, M^\circ P^n}{\varnothing\, M^\circ P^\circ} \cdot 100 = \frac{82}{71} \cdot 100 = 115\%$$

Sinngemäß wäre auch bei der Berechnung des Indexes des Automatisierungsgrades der Produktion für mehrere ungleichartige Erzeugnisse und verschiedene Fertigungsprozesse zu verfahren.

§ 3. *Die Messung von Kennziffern des ökonomischen Nutzeffekts der Mechanisierung und Automatisierung*

Die während einer Berichtsperiode eingeleiteten Maßnahmen zur weiteren Mechanisierung und Automatisierung von technologischen Prozessen führen je nach ihrem Umfang zu größeren oder geringeren Veränderungen der Elemente und Faktoren des Arbeitsprozesses, z. B. zur Einsparung von Arbeitszeit, zur Freistellung von Arbeitskräften, zur Erhöhung der Qualifikation der Arbeitskräfte, zur Erleichterung der Arbeit, zur Verbesserung der Arbeitsbedingungen, zum Rückgang der Betriebsunfälle und Berufskrankheiten, zur besseren Ausnutzung der Produktionskapazität, zur Verlängerung der Lebensdauer der Maschinen, zur Verkürzung der Fertigungszeit, zur Verminderung der Betriebsstörungen, zur Senkung des Ausschusses, zur qualitativen Verbesserung der Erzeugnisse u. ä. m. Als Folge der Mechanisierung und Automatisierung wird je nach dem Grad der Wirksamkeit der verschiedenen Faktoren des Arbeitsprozesses eine Steigerung der Arbeitsproduktivität eintreten, die die Voraussetzung für eine Senkung der Selbstkosten ist. Die Steigerung der Arbeitsproduktivität kann bei einzelnen Arbeitsgängen, Arbeitsganggruppen, Fertigungsprozessen, Hilfs- und Nebenarbeiten, die in einem bestimmten Zeitraum mechanisiert und automatisiert wurden, als ein Ergebnis der erfolgten Mechanisierung und Automatisierung mit ihren ökonomisch günstigen Auswirkungen auf die Organisation des Produktionsablaufes betrachtet werden. Als Kennziffern des ökonomischen Nutzeffekts der Mechanisierung und Automatisierung sind alle Faktoren im Arbeitsprozeß anzusehen, die sich auf Grund der Mechanisierung und Automatisierung der Produktion in einer Steigerung der Arbeitsproduktivität und einer Senkung der Selbstkosten auswirken.[1]) Entsprechend dieser Erkenntnis besteht die Aufgabe, Methoden für die Ermittlung der Kennziffern des ökonomischen Nutzeffekts der Mechanisierung und Automatisierung auszuarbeiten und in der Praxis anzuwenden. Somit wird eine grundlegende Untersuchung und damit die Festlegung von wirksamen Maßnahmen zur Erhöhung des ökonomischen Nutzeffekts der Mechanisierung und Automatisierung ermöglicht.

[1]) Sirotin und Schafranski schränken die Kennziffern des ökonomischen Nutzeffekts der Mechanisierung stark ein und sehen in erster Linie die Kennziffer der Freistellung von Arbeitskräften. „Die Kennziffer, die den Nutzeffekt der Mechanisierung zeitraubender und körperlich schwerer Arbeiten angibt, ist ... die relative Einsparung von Arbeitskräften."

Sirotin, M. und Schafranski, W., Die Planung derMechanisierung in der sowjetischen Industrie. Verlag Die Wirtschaft, Berlin 1956, S. 112.

Sawinski erweitert den Begriff des ökonomischen Nutzeffekts der Mechanisierung und definiert diesen wie folgt: „Der wirtschaftliche Nutzeffekt der Mechanisierung kann sich in dem Einfluß äußern, den sie auf die Einschränkung der erforderlichen Arbeiterzahl, die Steigerung der Arbeitsproduktivität, die Senkung der Selbstkosten, die Beschleunigung des Produktionsprozesses und somit auch auf die Beschleunigung der Umschlaggeschwindigkeit der Mittel eines Betriebes ausübt."

Sawinski, D. W., Lehrbuch der Industriestatistik. Verlag Die Wirtschaft, Berlin 1956, S. 352.

Dagegen weisen Klimenko und Rakowski darauf hin, daß auch die Kennziffern, wie z. B. die Verbesserung der Arbeitsbedingungen, der Rückgang der Betriebsunfälle, die Senkung der Ausschußproduktion u. a., die sich als Folge der Mechanisierung und Automatisierung ergeben, als Kennziffern des ökonomischen Nutzeffekts der Mechanisierung und Automatisierung anzusehen sind.

Klimenko, K., Rakowski, M., Die Ökonomie der Automatisierung. In: „Die Wirtschaft", Nr. 2, 1957, S. 3331.

a) Der ökonomische Nutzeffekt der Mechanisierung und Automatisierung, ausgedrückt in der Anzahl von Arbeitsstunden bzw. von Arbeitskräften

Um die Kennziffern des ökonomischen Nutzeffekts der Mechanisierung und Automatisierung, ausgedrückt in der Anzahl von Arbeitsstunden bzw. Arbeitskräften, eines in einem bestimmten Zeitraum mechanisierten und automatisierten Fertigungsprozesses zu ermitteln, kann man z. B. die Erzeugnismenge je Arbeitsstunde oder je Arbeitskraft (physische Person) der Basisperiode auf die gesamte Erzeugnismenge der Basis- und Berichtsperiode beziehen. Die Differenz zwischen Basis- und Berichtsperiode ergibt die Kennziffern des ökonomischen Nutzeffekts der Mechanisierung und Automatisierung, ausgedrückt in Arbeitsstunden bzw. Arbeitskräften.

Beispiel 9

Kalksteinproduktion in Tonnen

Zeitraum	Gq	Mq	NMq	Gk	Mk	NMk	M° A	M° P
Berichtsmonat	92000	80000	12000	460	160	300	35%	87%
Basismonat	71000	59800	11200	510	130	380	25%	84%

Zeitraum	$\frac{Gq}{Gk}$	$\frac{Mq}{Mk}$	$\frac{NMq}{NMk}$	$\frac{Gq^n \cdot Gk^o}{Gk^n \cdot Gq^o} \cdot 100$	$\frac{Mq^n \cdot Mk^o}{Mk^n \cdot Mq^o} \cdot 100$	$\frac{NMq^n \cdot NMk^o}{NMk^n \cdot NMq^o} \cdot 100$
Berichtmonat	200	500	40	144%	109%	136%
Basismonat	139	460	29	100%	100%	100%

Nach vorstehender Übersicht wurden in der gesamten Kalksteinproduktion (einschließlich nichtmechanisierter) im Berichtsmonat je Arbeitskraft 61 Tonnen, in der mechanisierten Produktion 40 Tonnen und in der nichtmechanisierten Produktion 11 Tonnen Kalkstein mehr als im Basismonat abgebaut. Gesetzt den Fall, daß die Steigerung der Arbeitsproduktivität auf die weitere Mechanisierung zurückzuführen ist, dann besteht die Kennziffer des ökonomischen Nutzeffekts der Mechanisierung, ausgedrückt in der Arbeitskräftezahl (FMk), in der Freistellung von 44 Personen, d. h. bei Durchführung der Produktion der Berichtsperiode mit demselben Niveau der Arbeitsproduktivität der Basisperiode (das ist das Niveau der Arbeitsproduktivität, bei dem die Mechanisierung noch nicht wirksam war) wären zusätzlich 44 Arbeitskräfte notwendig gewesen.

$$FMk = \frac{Mq^n}{AP^o} - \frac{Mq^o}{AP^o} = \frac{80000}{460} - \frac{59800}{460} = 44$$

Wäre die gesamte Erzeugnismenge der mechanisierten Produktion der Basisperiode mit dem Niveau der Arbeitsproduktivität der Berichtsperiode erarbeitet worden, hätte sich in der Produktion der Basisperiode eine Freistellung von 10 Arbeitskräften ergeben.

$$FMk = \frac{Mq^\circ}{AP^\circ} - \frac{Mq^\circ}{AP^n} = \frac{59\,800}{400} - \frac{59\,800}{500} = 10$$

In der nichtmechanisierten Kalksteinproduktion stieg die Arbeitsproduktivität je Arbeitskraft in der Berichtsperiode gegenüber der Basisperiode um 36 Prozent an, was einer Freistellung von insgesamt 28 Arbeitskräften (FNMk) entspricht.

$$FNMk = \frac{NMq^n}{AP^\circ} - \frac{NMq^\circ}{AP^\circ} = \frac{12\,000}{29} - \frac{11\,200}{29} = 28$$

Die Kennziffer des ökonomischen Nutzeffekts der Automatisierung, ausgedrückt in der Anzahl von Arbeitsstunden (FAt) bzw. von Arbeitskräften (FAk), wird nach folgender Formel berechnet:

$$FAt \text{ bzw. } FAk = \frac{Aq^n}{AP^\circ} - \frac{Aq^\circ}{AP^\circ}$$

In der Analyse der Kennziffern des Nutzeffekts der Mechanisierung und Automatisierung, ausgedrückt in der Anzahl von Arbeitsstunden bzw. Arbeitskräften, sind gleichzeitig auch die Faktoren zu untersuchen, auf die die Mechanisierung und Automatisierung zurückzuführen sind. Zu diesen Faktoren gehören vor allem die extensive und intensive Erweiterung des Bestandes an Maschinen, die Erhöhung ihrer Leistungsfähigkeit, ihrer produktiven Auslastung, die Einführung neuer Herstellungs- und Fertigungsverfahren u. ä. m. Da im Betriebsplan die Aufgaben zur weiteren Mechanisierung und Automatisierung von technologischen Prozessen festgelegt sind, ergibt sich die Notwendigkeit, den Erfüllungsstand der Kennziffern in diesem Betriebsplanteil zu kontrollieren, d. h. die wichtigsten Faktoren der Mechanisierung und Automatisierung der Produktion zahlenmäßig darzustellen.

Soweit die Mechanisierung und Automatisierung von technologischen Prozessen nicht durchgängig für den gesamten Betrieb, sondern nur für einzelne Arbeitsgänge oder Fertigungsprozesse erfolgt, wird die Ermittlung von Kennziffern des ökonomischen Nutzeffekts der Mechanisierung und Automatisierung, ausgedrückt in der Arbeitskräftezahl, für jeden Arbeitsgang oder Fertigungsprozeß, der mechanisiert oder automatisiert wurde, für notwendig erachtet. Nehmen wir an, daß die Kennziffern des ökonomischen Nutzeffekts der Mechanisierung und Automatisierung, ausgedrückt in der Arbeitskräftezahl, mittels des Steigerungsgrades der Arbeitsproduktivität eines Betriebes bestimmt und in den Steigerungsgrad auch die Faktoren der Produktivitätssteigerung, die nicht auf die Mechanisierung und Automatisierung von Arbeitsgängen oder Fertigungsprozessen zurückzuführen sind, einbezogen worden wären. In diesem Fall wäre zwar die Freistellung von Arbeitskräften, die durch die gesamte betriebliche Produktivitätssteigerung entstanden ist, ausgewiesen, jedoch nicht die, die sich auf Grund der Mechanisierung und Automatisierung von Arbeitsgängen oder Fertigungsprozessen ergab. Beispielsweise betrug die Steigerung der Arbeitsproduktivität in einem Betrieb im Laufe eines Jahres 10 Prozent, was einer Anzahl von 200 freigestellten Arbeitskräften entsprach. Durch die Teilmechanisierung einzelner Fertigungsprozesse wurden jedoch nur 150 Arbeitskräfte freigestellt. Somit wurde die Differenz von 50 Arbeitskräften nicht infolge der Mechanisierung, sondern auf Grund anderer Faktoren, z. B. der besseren Ausnutzung des Arbeitstages usw., freigestellt.

Für die Ermittlung von Kennziffern des ökonomischen Nutzeffekts der Mechanisierung und Automatisierung, ausgedrückt in der Arbeitskräftezahl, wird es nicht für zweckmäßig angesehen, wenn ungleichartige Erzeugnisse, deren technologische Prozesse mechanisiert oder automatisiert wurden, mittels Äquivalenzziffern vergleichbar gemacht werden. Soweit die Äquivalenzziffern, z. B. in Form von unveränderlichen Preisen, für die ungleichartigen Erzeugnisse in realen Proportionen den vergegenständlichten Arbeitsaufwand widerspiegeln, können gegenüber dieser Methode keine Bedenken erhoben werden. Da dies jedoch bei den in der Periode des ersten Fünfjahrplanes angewandten Äquivalenzziffern, den Meßwerten und ebenso bei den seit dem Jahre 1956 verbindlichen unveränderlichen Planpreisen häufig nicht der Fall war und ist, wird diese Methode zur Berechnung von Kennziffern des ökonomischen Nutzeffekts der Mechanisierung und Automatisierung, ausgedrückt in der Arbeitskräftezahl, nicht empfohlen. Die Freistellung von Arbeitskräften infolge Mechanisierung und Automatisierung ist deshalb für die einzelnen Arbeitsgänge und Fertigungsprozesse, die mechanisiert oder automatisiert wurden, in den Betrieben gesondert zu ermitteln. Für den gesamten Betrieb ergibt sich die Kennziffer des ökonomischen Nutzeffekts der Mechanisierung und Automatisierung, ausgedrückt in der Arbeitskräftezahl, demnach durch die Summierung der Anzahl der freigestellten Arbeitskräfte in den einzelnen Arbeitsgängen und Fertigungsprozessen, die mechanisiert oder automatisiert wurden. Diese Berechnungsmethode für die Freistellung von Arbeitskräften infolge Mechanisierung und Automatisierung hat den Vorteil, daß die Steigerung der Arbeitsproduktivität auf der Grundlage der Naturalmethode (Erzeugnismenge je Zeiteinheit bzw. je Arbeitskraft) für die einzelnen Produktionsstufen gemessen werden kann. Bekanntlich ist die Naturalmethode zur Messung der betrieblichen Arbeitsproduktivität wissenschaftlich exakt.

Bei komplexer Mechanisierung und Vollautomatisierung von einzelnen Betriebsabteilungen oder ganzen Betrieben kann die gesamte Steigerung der Arbeitsproduktivität in diesen Betriebsabteilungen bzw. in diesen Betrieben als ein Ergebnis der Mechanisierung und Automatisierung angesehen werden. Die Faktoren der Steigerung der Arbeitsproduktivität sind im Zusammenhang mit den durchgeführten Maßnahmen zur Mechanisierung und Automatisierung mehr oder weniger wirksam und ergeben eine Einsparung an Arbeitszeit bzw. eine Freistellung von Arbeitskräften. Die Berechnung der Kennziffern des ökonomischen Nutzeffekts der Mechanisierung und Automatisierung, ausgedrückt in der Arbeitskräftezahl, ist für Betriebsabteilungen oder ganze Betriebe nach den empfohlenen Methoden vorzunehmen.

In der sozialistischen Gesellschaftsordnung werden die infolge der Mechanisierung und Automatisierung von Produktionsprozessen freigestellten Arbeitskräfte nicht arbeitslos, sondern auf Grund von planvollen Maßnahmen für die Erweiterung der Produktion im gleichen Betrieb oder in anderen Betrieben und Einrichtungen mit Arbeitskräftebedarf entsprechend ihrer Qualifikation und ihren Fähigkeiten beschäftigt. Es ist verständlich, daß diese Umverteilung von Arbeitskräften in den sozialistischen Betrieben nicht ohne Berücksichtigung der Interessen der Werktätigen und nicht ohne Mitarbeit der Gewerkschaft organisiert werden kann. Diese Aufgabe ist auf keinen Fall administrativ zu lösen, sondern es gilt, weitgehend die vielseitigen Wünsche der Werktätigen zu beachten. Soweit die durch die Mechanisierung und Automatisierung freigestellten Arbeitskräfte für die Erweiterung der Produktion des eigenen Betriebes eingesetzt werden, kann nur von einer relativen Freistellung von Arbeitskräften gesprochen werden. Eine absolute Freistellung von Arbeitskräften infolge Mechanisierung und Automatisierung der Produktion ergibt sich in Betrieben, in denen der Steigerungsgrad der Arbeitsproduktivität höher ist als der der Erzeugnismenge.

Beispiel 10

Kalksteinproduktion in Tonnen

Zeitraum	Mq		Mk		$\frac{Mq}{Mk}$	$\frac{Mq^n \cdot Mk^o}{Mk^n \cdot Mq^o} \cdot 100$
	absolut	Index	absolut	Index		
Berichtsmonat	60000	120%	113	98%	531	122%
Basismonat	50000	100%	115	100%	435	100%

Die Kennziffern des ökonomischen Nutzeffekts der Mechanisierung, ausgedrückt in der Arbeitskräftezahl, zeigen an:

a) eine Freistellung von insgesamt 23 Arbeitskräften (FMk), von denen

b) 2 Arbeitskräfte an andere Betriebe abgegeben (absolute Freistellung von Arbeitskräften, AFMk) und

c) 21 Arbeitskräfte für die Erweiterung der Produktion im gleichen Betrieb weiter beschäftigt wurden (relative Freistellung von Arbeitskräften, RFMk).

Nachstehend die Berechnungsmethoden für die

Kennziffer FMk,

$$\mathrm{FMk} = \frac{Mq^n}{AP^o} - \frac{Mq^o}{AP^o} = \frac{60\,000}{435} - \frac{50\,000}{435} = 23$$

Kennziffer AFMk,

$$\mathrm{AFMk} = \frac{Mq^o}{AP^o} - \frac{Mq^n}{AP^n} = \frac{50\,000}{435} - \frac{60\,000}{531} = 2$$

Kennziffer RFMk,

$$\mathrm{RFMk} = \left(\frac{Mq^n}{AP^o} - \frac{Mq^o}{AP^o}\right) - \left(\frac{Mq^o}{AP^o} - \frac{Mq^n}{AP^n}\right) = \mathrm{FMk} - \mathrm{AFMk} = 23 - 2 = 21$$

Wenn die Erzeugnismenge schneller anwächst als die Arbeitsproduktivität, wird neben der Einbeziehung der durch Mechanisierung freigestellten Arbeitskräfte auch eine Neueinstellung von Arbeitskräften erfolgen müssen.

Beispiel 11

Kalksteinproduktion in Tonnen

Zeitraum	Mq		Mk		$\frac{Mq}{Mk}$	$\frac{Mq^n \cdot Mk^o}{Mk^n \cdot Mq^o} \cdot 100$
	absolut	Index	absolut	Index		
Berichtsmonat	56000	140%	149	112%	376	125%
Basismonat	40000	100%	133	100%	301	100%

Durch die Steigerung der Arbeitsproduktivität wurden infolge weiterer Mechanisierung während der Berichtsperiode insgesamt 53 Arbeitskräfte freigestellt, die vollzählig im Betrieb weiter beschäftigt wurden.

$$\text{FMk} = \frac{Mq^n}{AP^o} - \frac{Mq^o}{AP^o} = \frac{56\,000}{301} - \frac{40\,000}{301} = 53$$

Da die Erzeugnismenge im gleichen Zeitraum schneller als die Arbeitsproduktivität angestiegen ist, wurden 16 Arbeitskräfte aus anderen Betrieben bzw. aus dem Kreis der nichtarbeitenden arbeitsfähigen Bevölkerung, z. B. Hausfrauen, Schulabgänger, Arbeitssuchende u. a. neu eingestellt (AZMk).

$$\text{AZMk} = \frac{Mq^n}{AP^n} - \frac{Mq^o}{AP^o} = \frac{56\,000}{376} - \frac{40\,000}{301} = 16$$

Die zeitliche Veränderung der Kennziffern des ökonomischen Nutzeffekts der Mechanisierung und Automatisierung, ausgedrückt in der Arbeitskräftezahl, kann sich in den Betrieben nach folgenden Richtungen auf den Arbeitskräfteeinsatz in der nichtmechanisierten, mechanisierten und automatisierten Produktion auswirken:

1. Die Anzahl der Arbeitskräfte in der mechanisierten und automatisierten Produktion vermindert sich, die Anzahl der Arbeitskräfte in der nichtmechanisierten Produktion bleibt konstant;
2. die Anzahl der Arbeitskräfte in der mechanisierten und automatisierten Produktion vermindert sich, die Anzahl der Arbeitskräfte in der nichtmechanisierten Produktion nimmt ab;
3. die Anzahl der Arbeitskräfte in der mechanisierten und automatisierten Produktion vermindert sich, die Anzahl der Arbeitskräfte in der nichtmechanisierten Produktion nimmt zu;
4. die Anzahl der Arbeitskräfte in der mechanisierten und automatisierten Produktion erhöht sich, die Anzahl der Arbeitskräfte in der nichtmechanisierten Produktion bleibt konstant;
5. die Anzahl der Arbeitskräfte in der mechanisierten und automatisierten Produktion erhöht sich, die Anzahl der Arbeitskräfte in der nichtmechanisierten Produktion nimmt ab;
6. die Anzahl der Arbeitskräfte in der mechanisierten und automatisierten Produktion erhöht sich, die Anzahl der Arbeitskräfte in der nichtmechanisierten Produktion nimmt zu;

7. die Anzahl der Arbeitskräfte in der mechanisierten und automatisierten Produktion bleibt konstant, die Anzahl der Arbeitskräfte in der nichtmechanisierten Produktion nimmt ab;
8. die Anzahl der Arbeitskräfte in der mechanisierten und automatisierten Produktion bleibt konstant, die Anzahl der Arbeitskräfte in der nichtmechanisierten Produktion nimmt zu.

Die vorstehenden 8 Richtungen im Arbeitskräfteeinsatz infolge der zeitlichen Veränderung von Kennziffern des ökonomischen Nutzeffekts der Mechanisierung und Automatisierung, ausgedrückt in der Arbeitskräftezahl, sind weiter zu ergänzen, wenn sich die Anzahl der Arbeitskräfte in der automatisierten Produktion gegenüber der in der mechanisierten nicht im gleichen Verhältnis verändert.

Die gründliche Analyse über die zeitliche Veränderung der Kennziffern des ökonomischen Nutzeffekts der Mechanisierung und Automatisierung, ausgedrückt in der Arbeitskräftezahl, erfordert, daß auch die zeitliche Veränderung der Kennziffern des Mechanisierungs- und Automatisierungsgrades der Arbeit und der Produktion im Zusammenhang mit der Kennziffer der Steigerung der Arbeitsproduktivität behandelt wird. Hierzu nachstehend einige Beispiele:

1. Die Erzeugnismenge der mechanisierten Produktion wird erhöht, und die Anzahl der Arbeitskräfte in der nichtmechanisierten und mechanisierten Produktion bleibt konstant.

Beispiel 12

Kalksteinproduktion in Tonnen

Zeitraum	Gq	Mq	Gk	Mk	M° A	M° P
Berichtsmonat	100000	80000	600	200	33%	80%
Basismonat	90000	70000	600	200	33%	78%

Zeitraum	$\frac{Gq}{Gk}$	$\frac{Mq}{Mk}$	$\frac{Gq^n \cdot Gk^\circ}{Gk^n \cdot Gq^\circ} \cdot 100$	$\frac{Mq^n \cdot Mk^\circ}{Mk^n \cdot Mq^\circ} \cdot 100$
Berichtsmonat	167	400	111%	114%
Basismonat	150	350	100%	100%

Hierbei erhöht sich der Mechanisierungsgrad der Produktion als auch die Arbeitsproduktivität in der mechanisierten Produktion. Demzufolge werden in der mechanisierten Produktion 29 Arbeitskräfte freigestellt, die zur Erweiterung der Produktion im gleichen Betrieb eingesetzt werden.

$$FMk = \frac{Mq^n}{AP^\circ} - \frac{Mq^\circ}{AP^\circ} = \frac{80\,000}{350} - \frac{70\,000}{350} = 29$$

2. Der Mechanisierungsgrad der Arbeit nimmt zu, der Mechanisierungsgrad der Produktion bleibt konstant.

Beispiel 13

Kalksteinproduktion in Tonnen

Zeitraum	Gq	Mq	Gk	Mk	M° A	M° P
Berichtsmonat	90000	80000	450	225	50%	89%
Basismonat	70000	62300	500	200	40%	89%

Zeitraum	$\frac{Gq}{Gk}$	$\frac{Mq}{Mk}$	$\frac{Gq^n \cdot Gk^o}{Gk^n \cdot Gq^o} \cdot 100$	$\frac{Mq^n \cdot Mk^o}{Mk^n \cdot Mq^o} \cdot 100$
Berichtsmonat	200	356	143%	114%
Basismonat	140	312	100%	100%

Die Erhöhung des Mechanisierungsgrades der Arbeit hat zur Folge, daß die Arbeitsproduktivität der gesamten Erzeugnismenge schneller als die der mechanisierten Produktion zunimmt. Zur Herstellung der Erzeugnismenge der mechanisierten Produktion in der Berichtsperiode auf der Grundlage des Niveaus der Arbeitsproduktivität der Basisperiode wären 256 Arbeitskräfte notwendig gewesen.

$$\frac{Mq^n}{AP^o} = \frac{80\,000}{312} = 256$$

Infolge der Steigerung der Arbeitsproduktivität in der mechanisierten Produktion werden während der Berichtsperiode 56 Arbeitskräfte freigestellt (FMk). Durch die schnellere Zunahme der Erzeugnismenge gegenüber der Arbeitsproduktivität in der mechanisierten Produktion können jedoch die 56 freigestellten Arbeitskräfte weiter beschäftigt und zusätzlich noch 25 Arbeitkräfte neu eingestellt werden (AZMk).

$$FMk = \frac{Mq^n}{AP^o} - \frac{Mq^o}{AP^o} = \frac{80\,000}{312} - \frac{62\,300}{312} = 56$$

$$AZMk = \frac{Mq^n}{AP^n} - \frac{Mq^o}{AP^o} = \frac{80\,000}{356} - \frac{62\,300}{312} = 25$$

3. Die nichtmechanisierte Produktion geht zurück, die mechanisierte Produktion und die Arbeitsproduktivität der mechanisierten Produktion bleiben konstant.

In diesem Fall steigt der Mechanisierungsgrad der Produktion schneller als der der Arbeit. Mit dem Rückgang der nichtmechanisierten Produktion ist gleichzeitig eine Freistellung von 15 manuellen Arbeitskräften und ein Rückgang der Arbeitsproduktivität der Gesamtproduktion um 3 Prozent verbunden. Für die Berechnung

Beispiel 14

Kalksteinproduktion in Tonnen

Zeitraum	Gq	Mq	Gk	Mk	M°A	M°P
Berichtmonat	85000	80000	485	200	41%	94%
Basismonat	90000	80000	500	200	40%	89%

Zeitraum	$\frac{Gq}{Gk}$	$\frac{Mq}{Mk}$	$\frac{Gq^n \cdot Gk^\circ}{Gk^n \cdot Gq^\circ} \cdot 100$	$\frac{Mq^n \cdot Mk^\circ}{Mk^n \cdot Mq^\circ} \cdot 100$
Berichtsmonat	175	400	97%	100%
Basismonat	180	400	100%	100%

der absoluten Freistellung der manuellen Arbeitskräfte (AFNMk) ist methodisch folgendermaßen zu verfahren:

$$\text{a) } NMq^n = Gq^n - Mq^n = 85000 - 80000 = 5000$$

$$\text{b) } NMq^\circ = Gq^\circ - Mq^\circ = 90000 - 80000 = 10000$$

$$\text{c) } NMk^\circ = Gk^n - Mk^n = 485 - 200 = 285$$

$$\text{d) } NMk^\circ = Gk^\circ - Mk^\circ = 500 - 200 = 300$$

$$\text{e) } AFNMk = \left(\frac{NMq^\circ}{\frac{NMq^\circ}{NMk^\circ}}\right) - \left(\frac{NMq^n}{\frac{NMq^n}{NMk^n}}\right) = \left(\frac{10\,000}{\frac{10\,000}{300}}\right) - \left(\frac{5000}{\frac{5000}{285}}\right) = 15$$

In den volkseigenen Betrieben findet man viele Formen der zeitlichen Veränderung von Kennziffern des ökonomischen Nutzeffekts der Mechanisierung und Automatisierung, ausgedrückt in der Arbeitskräftezahl, im Zusammenhang mit den Kennziffern des Mechanisierungs- und Automatisierungsgrades der Arbeit und der Produktion vor. Die Berechnungsmethoden zur Ermittlung dieser Kennziffern sind den konkreten Betriebsverhältnissen anzupassen, damit eine ökonomisch aussagekräftige Analyse über die Reserven im Produktionsprozeß ermöglicht wird.

Vor Beginn der Mechanisierung und Automatisierung von technologischen Prozessen sind in den volkseigenen Betrieben Berechnungen über die Einsparung von Arbeitszeit bzw. über die Freistellung von Arbeitskräften und über andere Kennziffern des ökonomischen Nutzeffekts der Mechanisierung und Automatisierung anzustellen. Das gleiche trifft auch für die einzelnen Industriezweige zu. Dadurch wird gesichert, daß planvoll und rechtzeitig mit der Umschulung bzw. Umsetzung von Arbeitskräften innerhalb des Betriebes und der Industriezweige begonnen wird. Gleichzeitig werden durch die planvolle Umsetzung von Arbeitskräften unter Berücksichtigung der volkswirtschaftlichen Bedürfnisse und der persönlichen Interessen der Werktätigen Produktionsverluste vermieden. Beispielsweise ist die Berechnung der Kennziffer des ökonomischen Nutzeffekts der Mechanisierung und

Automatisierung, ausgedrückt in der Arbeitskräftezahl, für eine bestimmte Planperiode nach folgender Formel vorzunehmen:

$$AZMk = \frac{MqP}{AP^\circ} - \frac{MqP}{APP} = \frac{20\,000}{15} - \frac{20\,000}{20} = 333$$

$$APP = \frac{MqP}{MkP} = \frac{20\,000}{1000} = 20$$

MqP = Erzeugnismenge der Planperiode (20000 Tonnen Kalkstein)
Mq° = Erzeugnismenge der Basisperiode (18000 Tonnen Kalkstein)
MkP = Anzahl der Arbeitskräfte in der mechanisierten Produktion der Planperiode (1000)
Mk° = Anzahl der Arbeitskräfte in der mechanisierten Produktion der Basisperiode (1200)

Der Zusatzbedarf an Arbeitskräften in der mechanisierten Produktion der Planperiode (AZMk) beträgt nach diesem Beispiel 333 Personen.

Die Ermittlung der Erzeugnismenge der Planperiode muß unter Berücksichtigung des geplanten Maschinenbestandes, seiner Leistungsfähigkeit und Auslastung erfolgen. Die Darstellung der Planmethoden über den Maschinenbestand, seine Leistungsfähigkeit und Auslastung würde über den Rahmen dieser Arbeit hinausgehen und wird deshalb nicht behandelt.

Wird in den Betrieben mit mechanisierter und nichtmechanisierter Produktion während der Planperiode nur die Anzahl der Arbeitskräfte in der mechanisierten Produktion erhöht und bleibt die Anzahl der Arbeitskräfte in der nichtmechanisierten Produktion konstant, dann kann die benötigte Anzahl von Arbeitskräften in der mechanisierten Produktion der Planperiode nach folgender Methode berechnet werden:

1. Zunächst wird die Anzahl der Arbeitskräfte in der mechanisierten Produktion der Basisperiode festgestellt.

$$Mk^\circ = \frac{Mq^\circ}{AP^\circ} = \frac{18\,000}{20} = 900$$

$$AP^\circ = \frac{Mq^\circ}{Mk^\circ} = \frac{18\,000}{900} = 20$$

Mq° = 18000 Tonnen Kalkstein
Mk° = 900 Personen

2. Die zusätzlich benötigte Anzahl von Arbeitskräften in der mechanisierten Produktion der Planperiode ergibt sich bei gleichbleibendem Niveau der Arbeitsproduktivität aus der zusätzlich geplanten mechanisierten Produktion minus der mechanisierten Produktion der Basisperiode geteilt durch das Niveau der Arbeitsproduktivität in der mechanisierten Produktion der Basisperiode (20 Tonnen Kalkstein je Arbeitskraft).

$$ZMkP_1 = \frac{MqP - Mq^\circ}{AP^\circ} = \frac{20000 - 18000}{20} = 100$$

$ZMkP_1$ = zusätzlich benötigte Anzahl von Arbeitskräften in der mechanisierten Produktion der Planperiode bei gleichbleibendem Niveau der Arbeitsproduktivität (100 Personen)

MqP = 20000 Tonnen Kalkstein

Der Anzahl der Arbeitskräfte in der mechanisierten Produktion für die Basisperiode wird nun die Anzahl der zusätzlich benötigten Arbeitskräfte in der mechanisierten Produktion der Planperiode zugeschlagen.

$$MkP_1 = Mk^\circ + ZMkP_1 = 900 + 100 = 1000$$

MkP_1 = Gesamtzahl der Arbeitskräfte in der mechanisierten Produktion der Planperiode bei gleichbleibendem Niveau der Arbeitsproduktivität (1000 Personen)

3. Soll in den gleichen Betrieben die Arbeitsproduktivität in der mechanisierten Produktion von 20 Tonnen je Arbeitskraft in der Basisperiode auf 25 Tonnen je Arbeitskraft in der Planperiode (APP) ansteigen, so ergibt sich die Größe der zusätzlich benötigten Arbeitskräfte in der Planperiode ($ZMkP_2$), indem die geplante mechanisierte Produktion minus der mechanisierten Produktion der Basisperiode durch das Niveau der Arbeitsproduktivität in der mechanisierten Produktion der Planperiode geteilt wird.

$$ZMkP_2 = \frac{MqP - Mq^\circ}{APP} = \frac{20000 - 18000}{25} = 80$$

Die Gesamtzahl der Arbeitskräfte in der mechanisierten Produktion der Planperiode (MkP_2) wird aus der mechanisierten Produktion der Basisperiode geteilt durch das Niveau der Arbeitsproduktivität in der mechanisierten Produktion der Planperiode zuzüglich der Größe der zusätzlich benötigten Arbeitskräfte in der mechanisierten Produktion der Planperiode berechnet.

$$MkP_2 = \frac{Mq^\circ}{APP} + ZMkP_2 = \frac{18000}{25} + 80 = 800$$

Infolge Steigerung der Arbeitsproduktivität in der mechanisierten Produktion der Planperiode werden 200 Arbeitskräfte freigestellt.

$$MkP_1 - MkP_2 = 1000 - 800 = 200$$

In der betrieblichen Praxis ergeben sich im Arbeitskräfteeinsatz in der nichtmechanisierten, mechanisierten und automatisierten Produktion während der Planperiode vielseitige Veränderungen. Bei einer Ermittlung des Arbeitskräftebedarfs für eine Planperiode sind diese Veränderungen zu berücksichtigen und die angeführten Berechnungsmethoden sinngemäß zu benutzen.

b) Der ökonomische Nutzeffekt der Mechanisierung und Automatisierung, ausgedrückt in den Lohnkosten bzw. Selbstkosten der Produktion

Wenn die Erhöhung des ökonomischen Nutzeffekts der Mechanisierung und Automatisierung eine Steigerung der Arbeitsproduktivität zur Folge hat, so wirkt sich diese bei einer entsprechenden Änderung der Zeit-, Material- und Amortisationsnormen auch unmittelbar auf die Entwicklung der Selbstkosten der Produktion aus. Die Erhöhung des ökonomischen Nutzeffekts der Mechanisierung und Automatisierung ist ein wichtiger Faktor der Selbstkostensenkung der Erzeugnisse und der Verbesserung der betrieblichen Rentabilität. Bevor auf diese Fragen näher eingegangen wird, sind noch einige Bemerkungen über das Verhältnis zwischen der Steigerung der Arbeitsproduktivität auf der Grundlage der lebendigen Arbeit und der Gesamtarbeit (vergegenständlichte und lebendige Arbeit) erforderlich.

Die Einführung der Mechanisierung und Automatisierung in technologischen Prozessen führt zum Rückgang des Anteils der angewandten lebendigen Arbeit und zur Zunahme des Anteils der von ihr in Bewegung gesetzten vergegenständlichten Arbeit an der Gesamtarbeit, wobei je Erzeugniseinheit die aufgewandte Gesamtarbeit zurückgeht. MARX stellte zu dieser Frage fest:

> „Die Steigerung der Produktivität der Arbeit besteht eben darin, daß der Anteil der lebendigen Arbeit vermindert, der der vergangnen Arbeit vermehrt wird, aber so, daß die Gesamtsumme der in der Ware steckenden Arbeit abnimmt; daß also die lebendige Arbeit um mehr abnimmt als die vergangne zunimmt.
>
> In einer Gesellschaft, worin die Produzenten ihre Produktion nach einem voraus entworfnen Plan regeln, ja selbst in der einfachen Warenproduktion würde die Produktivität der Arbeit auch unbedingt nach diesem Maßstab gemessen."[1])

Die Messung der Arbeitsproduktivität durch die Gesamtarbeit entspricht den Bedingungen des volkswirtschaftlichen Gesamtprozesses, bei dem alle zeitlich und örtlich getrennten Arbeitsprozesse als verschiedene aufeinanderfolgende Stadien eines Arbeitsprozesses anzusehen sind[2]). Die Ausführungen von MARX zur Messung der Arbeitsproduktivität durch die Gesamtarbeit stehen nicht im Widerspruch zur Definition, daß die Arbeitsproduktivität die Fähigkeit der konkreten nützlichen Arbeit ist, in einem gegebenen Zeitraum eine bestimmte Erzeugnismenge herzustellen[3]). Für die infolge der gesellschaftlichen Arbeitsteilung bedingten Produktionsprozesse der einzelnen Betriebe ist diese Methode der Messung der Arbeitsproduktivität zweifellos richtig. Bei der überbetrieblichen Messung der Arbeitsproduktivität, d. h. vom volkswirtschaftlichen Gesamtprozeß aus gesehen, ist jedoch die Gesamtarbeit (vergegenständlichte und lebendige) zu berücksichtigen. Durch die in der Praxis gangbaren Methoden der Messung der Selbstkosten der Produktion wird dieser Forderung annähernd Rechnung getragen.

Zunächst soll dargestellt werden, wie sich die Einsparung an lebendiger Arbeit, ausgedrückt in Arbeitsstunden bzw. Arbeitskräften, infolge Mechanisierung und Automatisierung der betrieblichen Produktion auf die Lohnkosten auswirkt. Die Berechnung der eingesparten Lohnkosten (eLK) infolge Mechanisierung und Automatisierung ist für jeden Arbeitsgang, Fertigungsprozeß, für Hilfs- und Nebenarbeiten, die während eines bestimmten Zeitraumes mechanisiert oder automati-

[1]) MARX, Karl, Das Kapital. Bd. III, S. 289/290.

[2]) FRANKE, A., Die Messung der betrieblichen Arbeitsproduktivität. Deutscher Zentralverlag, Berlin 1956, S. 18.

[3]) MARX, Karl, Das Kapital. Bd. I, S. 51.

siert wurden, durchzuführen. Demzufolge ergibt die Summierung der eingesparten Lohnkosten infolge Mechanisierung und Automatisierung der einzelnen Arbeitsgänge usw. das Gesamtergebnis der eingesparten Lohnkosten des Betriebes. In dieser Form kann auch die Summe der eingesparten Lohnkosten der Betriebe durch die Hauptverwaltungen und Ministerien zusammengefaßt werden. Der Index der infolge Mechanisierung und Automatisierung von technologischen Prozessen eingesparten Lohnkosten ist nach folgender Formel zu berechnen:

$$JeLK = \frac{eLK^n}{eLK^\circ} \cdot 100$$

Gleichfalls ist der Anteil der infolge Mechanisierung und Automatisierung eingesparten Lohnkosten (AeLK) an den gesamten Lohnkosten der Betriebe in der zeitlichen Veränderung ausgedrückt mittels eines Indexes zu ermitteln.

$$JAeLK = \frac{AeLK^n}{AeLK^\circ} \cdot 100$$

Der letzte Index berücksichtigt im Vergleich zum Index der infolge Mechanisierung und Automatisierung eingesparten Lohnkosten (JeLK) auch die Faktoren, die durch entgegenwirkende Tendenzen der Lohnkostensenkung, z. B. auf Grund von Lohnerhöhungen, hervorgerufen werden. So kann infolge Lohnerhöhungen während eines bestimmten Zeitraumes der Zustand eintreten, daß die Einsparung an Lohnkosten infolge Mechanisierung und Automatisierung wesentlich zunimmt, obwohl der Index des Anteils der eingesparten Lohnkosten an den Lohnkosten insgesamt sich nur geringfügig verändert bzw. zurückbleibt. Lohnerhöhungen für die Werktätigen ergeben sich beispielsweise, wenn infolge der Mechanisierung und Automatisierung von technologischen Prozessen eine schnelle Steigerung der Arbeitsproduktivität erzielt wird. Da für die Einrichtung, die Kontrolle, die Wartung, die Instandhaltung und andere Arbeitsverrichtungen in automatisierten technologischen Prozessen eine hohe Qualifikation der Werktätigen notwendig ist, wird die Ausübung dieser qualifizierten Arbeitsverrichtungen ebenfalls ein höheres Lohnniveau je Arbeitskraft nach sich ziehen. Ermöglicht die komplexe Mechanisierung und Halbautomatisierung den Einsatz von angelernten Arbeitskräften für bestimmte Bedienungsfunktionen, so darf es nicht vorkommen, daß Facharbeiter zur Verrichtung von relativ unkomplizierten Bedienungsfunktionen an Arbeitsmaschinen eingesetzt werden oder eine Umgruppierung in niedrigere Lohngruppen erfolgt. Diese Rückgruppierungen wären zweifellos mit Lohnverminderungen verbunden. Der Sekretär des Bundesvorstandes des Freien Deutschen Gewerkschaftsbundes, LEHMANN, stellt zu dieser Frage fest, daß bei Einführung der neuen Technik, z. B. beim Übergang vom Handschweißen zum automatischen Schweißen, Umgruppierungen in niedrigere Lohngruppen nicht vorzunehmen sind.

> „Es ist unzulässig, den Lohn eines Arbeiters zu beschneiden, der die neue Technik anwendet und für die Gesellschaft mehr Produkte herstellt.“[1]

[1] LEHMANN, O., Über Fragen der Arbeitsproduktivität und des Arbeitslohnes. In: „Die Arbeit“, Heft 10, 1956, S. 662, 663.

Die durch die Anwendung der modernen Technik freigestellten Arbeitskräfte sind entsprechend ihrer Qualifikation und ihren Fähigkeiten für Arbeitsverrichtungen im gleichen Betrieb oder in anderen Betrieben mit Arbeitskräftebedarf zu beschäftigen. In vielen Fällen werden auch Maßnahmen zur Umschulung von Arbeitskräften erforderlich sein. Auf diese Weise werden Lohnminderungen für die Werktätigen vermieden und ein nicht der Qualifikation der Werktätigen entsprechender Einsatz, der letztlich zu volkswirtschaftlichen Produktionsverlusten führt, verhindert.

Um in der zeitlichen Veränderung den Anteil der durch Mechanisierung und Automatisierung eingesparten Lohnkosten an den Selbstkosten berechnen zu können, besteht zunächst die Notwendigkeit, auf die Berechnungsmethode des Selbstkostenindexes hinzuweisen. Bekanntlich sind die Selbstkosten in den sozialistischen Betrieben die in Geld ausgedrückten Aufwendungen für Lohn, Roh-, Hilfs- und Betriebsstoffe sowie für die Amortisationen. Nachstehender variabler Selbstkostenindex (JSKv) bringt neben der durchschnittlichen Selbstkostenveränderung der einzelnen Erzeugnisse gleichzeitig die Veränderung ihres Anteils an der gesamten Erzeugnismenge zum Ausdruck.

$$\mathrm{JSKv} = \frac{\varepsilon q^n p^n}{\varepsilon q^n} : \frac{\varepsilon q^o p^o}{\varepsilon q^o} = \varepsilon \frac{p^n}{p^o}$$

Hier bedeutet q wiederum die Erzeugnismenge und p die Selbstkosten je Erzeugnis.

Der variable Selbstkostenindex ist in erster Linie im Rahmen von Industriezweigen, in denen infolge Veränderungen in der Betriebsstruktur die Kostenstruktur stark beeinflußt wird, für die Messung der zeitlichen Veränderung der Selbstkosten brauchbar. Für die betriebliche Messung der zeitlichen Veränderung der Selbstkosten wird hauptsächlich der konstante Selbstkostenindex (JSKc) angewandt. Dieser eliminiert durch entsprechende Gewichtung die betrieblichen Strukturveränderungen und spiegelt ausschließlich die durchschnittliche Veränderung der Selbstkosten für die Erzeugnismenge wider. Als Gewichtung für den konstanten Selbstkostenindex wird gewöhnlich der entstandene fiktive Kostenaufwand der Basisperiode für die Erzeugnismenge der Berichtsperiode zugrundegelegt.

$$\mathrm{JSKc} = \frac{\varepsilon \frac{p^n}{p^o} \cdot q^n p^o}{\varepsilon q^n p^o}$$

Bei der Berechnung des Anteils der eingesparten Lohnkosten infolge Mechanisierung und Automatisierung ist zu beachten, daß von einer vergleichbaren Erzeugnismenge der Berichts- und Basisperiode ausgegangen wird. Beispielsweise wäre unzulässig, in den Index für die eingesparten Lohnkosten Sortimentsänderungen einzubeziehen und diese im Index der Selbstkosten nicht zu berücksichtigen oder umgekehrt. Die betrieblichen Kennziffern sind ständig zu vervollkommnen, damit z. B. auch eine Vergleichbarkeit zwischen dem Index der Arbeitsproduktivität auf der Grundlage der lebendigen Arbeit und dem Selbstkostenindex, der die zeitlichen Veränderungen in der lebendigen und vergegenständlichten Arbeit zum Ausdruck bringt, für volkswirtschaftlich wichtige Erzeugnisse und ganze Betriebe möglich wird. Das betriebliche Rechnungswesen gestattet für die Fertigerzeugnisse mittels einer gut funktionierenden Kostenträgerrechnung die Messung der Selbstkosten in der zeitlichen Veränderung. Jedoch liegen Aufzeichnungen aus dem betrieblichen Rechnungswesen über die Selbstkostenentwicklung einzelner Produktionsabteilungen, die keine Fertigerzeugnisse herstellen, vor allem in Betrieben, die noch nicht die Aufschlüsselung bzw. Abrechnung von Kostenkennziffern für die einzelnen Produktionsabteilungen und Brigaden vornehmen, größtenteils nicht vor. In diesem Fall kann die Messung der zeitlichen Veränderung der Selbstkosten für einzelne Arbeitsgänge oder Arbeitsganggruppen nicht erfolgen, obwohl dies für die Messung der Kennziffern der Steigerung der Arbeitsproduktivität auf der Grundlage der lebendigen Arbeit und für die Einsparung der Lohnkosten infolge Mechanisierung und Automatisierung möglich und notwendig ist.

Für gleichartige Erzeugnisse, deren technologische Prozesse während eines Zeitraumes mechanisiert und automatisiert wurden, kann von der Summe der verwirklichten Selbstkostensenkung die Größe der eingesparten Lohnkosten infolge Mechanisierung und Automatisierung im gleichen Zeitraum abgesetzt werden.

Jährliche Selbstkostensenkung im Kalksteinabbau . . . . DM 300000

Einsparung von Lohnkosten infolge weiterer Mechanisierung im gleichen Zeitraum und Fertigungsprozeß . . . . DM 50000

Der Anteil der eingesparten Lohnkosten infolge Mechanisierung an der gesamten Selbstkostensenkung beträgt in der Kalksteingewinnung ca. 17 Prozent.

Der Grad des Rückganges der Produktionsselbstkosten ist in der betrieblichen Praxis in der Regel geringer als der Steigerungsgrad der Arbeitsproduktivität auf der Grundlage der lebendigen Arbeit, da der Selbstkostensenkung in den Betrieben bestimmte Tendenzen entgegenwirken. Beispielsweise kann der Index der Arbeitsproduktivität ansteigen und der Selbstkostenindex stagnieren, was z. B. auf Lohnerhöhungen, den Preisanstieg für einzelne Rohstoffe usw. zurückzuführen ist. Die infolge Steigerung der Arbeitsproduktivität eingesparten Mittel können also durch die erhöhte Inanspruchnahme von Mitteln für bestimmte Kostenarten aufgesogen werden. Der Selbstkostenindex ist in den Betrieben auf alle Fälle tiefreichend zu analysieren, um die Einwirkung der positiven und negativen Faktoren auf die Selbstkostensenkung erkennbar zu machen.

c) *Weitere Kennziffern des ökonomischen Nutzeffekts der Mechanisierung und Automatisierung*

In Verbindung mit den Kennziffern und Indizes des ökonomischen Nutzeffekts der Mechanisierung und Automatisierung, ausgedrückt in der Steigerung der Arbeitsproduktivität und der Senkung der Selbstkosten, ist noch auf weitere Kennziffern, die z. B. mit dem Faktor Arbeitskraft im Zusammenhang stehen, einzugehen. Die Mechanisierung und Automatisierung von technologischen Prozessen hat zur

Folge, daß sich die Qualifikation der Arbeitskräfte erhöht, die körperlich schwere und gleichförmige Arbeit vermindert bzw. ausgeschaltet wird, die Arbeitsbedingungen (Temperatur, Räumlichkeiten, hygienischen Verhältnisse u. ä.) sich wesentlich verbessern, die Betriebsunfälle und Berufskrankheiten zurückgehen. Da die Mechanisierung und Automatisierung auch Auswirkungen auf die Arbeitsmittel und Arbeitsgegenstände haben, sind diese Kennziffern des ökonomischen Nutzeffekts der Mechanisierung und Automatisierung, z. B. Einsparungen, die sich durch die bessere Auslastung der Produktionskapazitäten, durch die Verkürzung der Fertigungszeiten, durch die Verminderung von Betriebsstörungen, durch die Senkung des Ausschusses, durch die qualitative Verbesserung der Erzeugnisse u. ä. m. ergeben, ebenfalls gründlich zu untersuchen. *Es ist notwendig, das 1. vor der geplanten Einführung von mechanisierten und automatisierten technologischen Prozessen und 2. nach der Anwendung von modernen Produktionsinstrumenten in technologischen Prozessen die aufgeführten Kennziffern berechnet und in der zeitlichen Veränderung vergleichbar gemacht werden.* Erst dadurch wird es möglich, die Ergebnisse der zeitlichen Veränderung der einzelnen Kennziffern zu analysieren und wirksame Maßnahmen für die Erhöhung des ökonomischen Nutzeffekts der Mechanisierung und Automatisierung festzulegen. Bei der Bestimmung der zweckmäßigsten Richtung der Mechanisierung und Automatisierung von technologischen Prozessen ist von der Gesamtzahl der Kennziffern des ökonomischen Nutzeffekts auszugehen, wobei die Kennziffer der Selbstkostensenkung, die die Einsparungen an lebendiger und vergegenständlichter Arbeit widerspiegelt, eine erstrangige Bedeutung hat. Sie ist die wichtigste Kennziffer des ökonomischen Nutzeffekts der Mechanisierung und Automatisierung, aber nicht der ausschließliche Maßstab für die Einführung der modernen Produktionstechnik.

3. Die statistische Ermittlung von überbetrieblichen Kennziffern des Niveaus und der Veränderung der Mechanisierung und Automatisierung sowie des ökonomischen Nutzeffekts

Die Statistik als wichtiges Mittel der sozialen Erkenntnis hat in der Deutschen Demokratischen Republik die Aufgabe, auch die Kennziffern über den Stand und die Veränderung der Mechanisierung und Automatisierung sowie des ökonomischen Nutzeffekts im volkswirtschaftlichen Maßstab nachzuweisen. Zur Zeit wird unsere Statistik dieser Aufgabe noch nicht gerecht. So werden gegenwärtig z. B. nur in den Betrieben des Steinkohlenbergbaues einige Kennziffern über den Mechanisierungsgrad der Produktion abgerechnet, wie der Anteil der durch Maschinen erfolgten Abbauarbeiten an der Steinkohlenerzeugung insgesamt, der Anteil des Hand- und Blasversatzes an den gesamten Versatzarbeiten. Mit der verstärkten komplexen Mechanisierung und Automatisierung von technologischen Prozessen in den nächsten Jahren wird die statistische Ermittlung von Kennziffern, die den Stand und die Veränderung der Mechanisierung und Automatisierung sowie des ökonomischen

Nutzeffekts widerspiegeln, zu einem wichtigen gesellschaftlichen Bedürfnis. In welcher Richtung und mit welchen Methoden kann nun die Statistik in der Deutschen Demokratischen Republik dieser Aufgabe gerecht werden?

§ 1. *Der Mechanisierungs- und Automatisierungsgrad der Arbeit*

Die Kennziffern des Mechanisierungs- und Automatisierungsgrades der Arbeit können für ungleichartige Erzeugnismengen einzelner Fertigungsprozesse, ganzer Betriebe und für Industriezweige ermittelt werden. Durch die in Verbindung mit Berufserhebungen vorgesehene Gruppierung der Beschäftigten nach Berufen, die überwiegend in der nichtmechanisierten, mechanisierten und automatisierten Produktion Arbeitsverrichtnngen ausüben, werden in einer brauchbaren Übersicht Kennziffern über den Mechanisierungs- und Automatisierungsgrad der Arbeit in den einzelnen Industriezweigen dargestellt. Der Ermittlung der Kennziffern des Mechanisierungs- und Automatisierungsgrades der Arbeit mittels der Ergebnisse der Berufserhebungen ist für die einzelnen Industriezweige die gleiche Berechnungsmethode, wie sie bei der Darstellung von betrieblichen Kennziffern erläutert wurde, zugrunde zu legen.

$$\varepsilon M^{\circ}A = \frac{(MkB_1 + MkB_2 + MkB_3 + \cdots MkB^n)}{(Gk_1B + GkB_2 + GkB_3 + \cdots GkB^n)} \cdot 100$$

B = Betrieb

Da in den laufenden Berufserhebungen hauptsächlich nur volkswirtschaftlich wichtige Berufe, z. B. während der Periode des ersten Fünfjahrplanes nur ca. 200 Lehrausbildungsberufe der unmittelbar in der materiellen Porduktion beschäftigten Arbeitskräfte, ermittelt wurden, sind die Ergebnisse der Berufserhebungen keine vollständige und zuverlässige Unterlage für die überbetriebliche Berechnung des Mechanisierungs- und Automatisierungsgrades der Arbeit. Vollständige Berufserhebungen finden auf Grund des hohen Arbeits- und Kostenaufwandes nur in Verbindung mit Volkszählungen, also in Zeiträumen von ca. 10 Jahren, statt, so daß deren Ergebnisse hauptsächlich für die Perspektivplanung der Volkswirtschaft ausgewertet werden.

Soweit nun die Veränderung der Kennziffern des Mechanisierungs- und Automatisierungsgrades für einen bestimmten Industriezweig ermittelt werden soll, ist es nicht möglich, aus den Indizes der einzelnen Betriebe einen ungewogenen durchschnittlichen Gesamtindex zu berechnen. Bekanntlich haben innerhalb der Industriezweige die einzelnen Betriebe ein sehr unterschiedliches Gewicht, z. B. hinsichtlich der Erzeugnismenge je Arbeitskraft usw.

Um eine fehlerhafte Durchschnittsbildung zu vermeiden, gilt es, die Indizes der Kennziffern des Mechanisierungs- und Automatisierungsgrades der Arbeit für die einzelnen Betriebe der Industriezweige zu gewichten, was am zweckmäßigsten mit der Gesamtzahl der Arbeitskräfte (Gk) der einzelnen Betriebe in der Berichtsperiode erfolgt.

$$\varepsilon M^\circ A = \frac{\left[\left(\frac{\frac{MkB_1^n}{GkB_1^n}}{\frac{MkB_1^\circ}{GkB_1^\circ}}\right) \cdot Gk_1^n + \left(\frac{\frac{MkB_2^n}{GkB_2^n}}{\frac{MkB_2^\circ}{GkB_2^\circ}}\right) \cdot Gk_2^n + \cdots \left(\frac{\frac{MkB_n^n}{GkB_n^n}}{\frac{MkB_n^\circ}{GkB_n^\circ}}\right) \cdot Gk_n^n\right] \cdot 100}{(Gk_1^n + Gk_2^n + \cdots Gk_n^n)} =$$

$$= \frac{(JM^\circ AB_1 \cdot Gk_1^n) + (JM^\circ AB_2 \cdot Gk_2^n) + \cdots (JM^\circ AB_n \cdot Gk_n^n)}{(Gk_1^n + Gk_2^n + \cdots Gk_n^n)}$$

Für die operative Arbeit der Hauptverwaltungen und Ministerien ist die alleinige Kenntnis der Größe der Arbeitskräftezahl in der nichtmechanisierten, mechanisierten und automatisierten Produktion nicht immer ausreichend. Im Zuge der weiteren Mechanisierung und Automatisierung von technologischen Prozessen wird sich die Notwendigkeit ergeben, Übersichten über die Zunahme der Arbeitskräftezahl in bestimmten Beschäftigtengruppen der mechanisierten und automatisierten Produktion zu erarbeiten. Für die Arbeit einzelner Hauptverwaltungen und Ministerien würde es ausreichen, nur die wichtigsten Beschäftigtengruppen entsprechend dem Charakter ihrer Arbeitsverrichtungen an mechanisierten und automatisierten Arbeitsmaschinen und Anlagen zu erfassen, und zwar

1. die Arbeitskräfte, die Anlagen von voll- und teilautomatisierten technologischen Prozessen einrichten, warten und instandhalten (vgl. die Beschäftigtengruppe 1 bis 3 auf den Seiten 34 und 35),

2. die Arbeitskräfte, die Anlagen von halbautomatisierten, komplex- und teilmechanisierten technologischen Prozessen einrichten, warten, kontrollieren, bedienen und instandhalten (vgl. die Beschäftigtengruppen 4 und 5 auf Seite 35), und

3. die Arbeitskräfte, die in der nichtmechanisierten und nichtautomatisierten Produktion arbeiten (vgl. die Beschäftigtengruppe 6 bis 8 auf den Seiten 34 und 35).

Die nach Punkt 1 ermittelten Daten ermöglichen die Berechnung eines gesonderten überbetrieblichen Indexes des Automatisierungsgrades der Arbeit. Auf eine eingehende Darstellung der Berechnungsmethode des überbetrieblichen Indexes des Automatisierungsgrades der Arbeit kann in diesem Zusammenhang verzichtet werden, da die Berechnungsmethode von der Ermittlung des betrieblichen Indexes des Automatisierungsgrades nicht abweicht. Je nach den Produktionsbedingungen, in den einzelnen Industriezweigen können als Darunterposition zu den nach Punkt 2 ermittelten Arbeitskräften die in halbautomatisierten, komplex- und teilmechanisierten technologischen Prozessen tätigen Arbeitskräfte gesondert festgestellt werden. Da eine totale Ermittlung dieser Kennziffern nach dem derzeitigen Stand der Mechanisierung der Aufbereitungarbeiten mit einem erheblichen Arbeitsaufwand und demzufolge Kosten verbunden wäre, würde bei bewußter (gezielter) Auswahl der Erhebungseinheiten (Betriebe und Fertigungsprozesse) eine repräsentative Erhebung über diese Kennziffern ausreichen, um bestimmte Entwicklungstendenzen der Mechanisierung und Automatisierung feststellen zu können. Eine totale Ermittlung von Kennziffern des Mechanisierungs- und Automatisierungsgrades würde gegenwärtig vor allem für volkswirtschaftlich wichtige Fertigungsprozesse, z. B. im Bergbau für Abbauarbeiten, Versatzarbeiten, Be- und Entladearbeiten, den Gleisbau und für Fertigungsprozesse anderer Industriezweige gerechtfertigt sein.

Neben dem Index des Mechanisierungs- und Automatisierungsgrades der Arbeit, ausgedrückt in der Arbeitskräftezahl, könnten entsprechend den jeweiligen Erfordernissen in den einzelnen Industriezweigen auch gesonderte Indizes für die Anzahl der Arbeitskräfte in der nichtmechanisierten, mechanisierten und automatisierten Produktion berechnet werden.

$$JNMk = \frac{NMk^n}{NMk^\circ} \cdot 100 \qquad JAk = \frac{Ak^n}{Ak^\circ} \cdot 100$$

$$JMk = \frac{Mk^n}{Mk^\circ} \cdot 100 \qquad JGk = \frac{Gk^n}{Gk^\circ} \cdot 100$$

JNMk = Index der Arbeitskräftezahl in nichtmechanisierter Arbeit
JMk = Index der Arbeitskräftezahl in mechanisierter Arbeit
JAk = Index der Arbeitskräftezahl in automatisierter Arbeit
JGk = Index der Gesamtzahl der Arbeitskräfte

Bei der Berechnung dieser Indizes ist so zu verfahren, daß durch die Hauptverwaltungen und Ministerien eine Summierung der in der nichtmechanisierten, mechanisierten und automatisierten Produktion tätigen Arbeitskräfte der ihnen unterstellten Betriebe erfolgt. Diese Indizes charakterisieren ebenfalls die zeitliche und bei Berücksichtigung von regionalen Gesichtspunkten auch die räumliche Veränderung der Mechanisierung und Automatisierung in den einzelnen Industriezweigen.

Als Ergebnis der Berechnung der Kennziffern und Indizes des Mechanisierungs- und Automatisierungsgrades der Arbeit erscheint für die Betriebe der Hauptverwaltungen ein Mittelwert, der keine Auskunft über die fortschrittlichen und zurückgeblieben Betriebe in der Mechanisierung und Automatisierung der Produktion vermittelt. Derartig zusammengefaßte Daten könnten unter Umständen die Hauptverwaltungen zu Maßnahmen veranlassen, die das Tempo der Mechanisierung und Automatisierung in fortschrittlichen Betrieben bremsen und bewirken, daß in zurückgebliebenen Betrieben kein energischer Kampf für die Ausnutzung aller betrieblichen Reserven geführt wird. Um solche Verhältnisse nicht eintreten zu lassen, sind die Aufbereitungs- und Auswertungsarbeiten in den Hauptverwaltungen derart vorzunehmen, daß der Stand und die zeitliche Veränderung der Mechanisierung und Automatisierung der Arbeit für bestimmte Betriebsgruppen ersichtlich wird. Innerhalb der festgelegten Betriebsgruppen können aus den Unterlagen der laufenden Arbeitskräfteberichterstattung ökonomisch wichtige Kennziffern untersucht werden.

Betriebe, gruppiert nach dem Mechanisierungsgrad der Arbeit

Betriebe mit einem M°A	Zahl der Betriebe	Erzeugnis-menge in Planpreisen	Anzahl der Produkt.-Arbeiter	Techn. Personal je 100 Prod.-Arbeiter	Übriges industr. Personal je 100 Prod.-Arbeiter	Arbeits-produkt. je Prod.-Arbeiter
Unter 30 Prozent	8	3200000	4000	4	14	800
30 bis unter 40 Prozent	12	5508000	6800	7	15	810
40 bis unter 50 Prozent	18	7052000	8200	8	12	860
50 bis unter 70 Prozent	10	3870000	4300	10	14	900
70 bis unter 90 Prozent	4	4704000	4800	10	13	980
über 90 Prozent	2	4760000	2300	12	10	2070
Insgesamt	54	29094000	30400	8	13	957

Die Auswertungsarbeiten im Rahmen der Betriebsgruppen nach dem Stand der Mechanisierung der Arbeit lassen beispielsweise auch darüber Untersuchungen zu, ob die Anzahl der Produktionsarbeiter in einem ökonomisch günstigen Verhältnis zu der Anzahl der Gesamtbeschäftigten, zum technischen Personal, zu Wirtschaftlern und Verwaltungspersonal und anderen Beschäftigtengruppen steht, ob die Arbeitszeit rationell ausgenutzt wurde usw. Ein überbetrieblicher Erfahrungsaustausch auf der Grundlage derartiger Arbeitsunterlagen könnte durch gute Beispiele zur Verbesserung der ökonomischen Tätigkeit die Betriebe anspornen. Die methodisch richtige Gruppenbildung führt zur Aufdeckung von Produktionsreserven, deren rationelle Ausnutzung auf dem Wege des sozialistischen Wettbewerbs eine schnelle Steigerung der Arbeitsproduktivität und Senkung der Selbstkosten der Produktion sichert. Die Feststellung von betrieblichen und überbetrieblichen Reserven ist eine wichtige Aufgabe der Statistik in der Deutschen Demokratischen Republik.

§ 2. *Der Mechanisierungs- und Automatisierungsgrad der Produktion sowie Kennziffern des ökonomischen Nutzeffekts der Mechanisierung und Automatisierung*

Entsprechend den Forderungen zur Vereinfachung und Einschränkung des statistischen Berichtswesens bei gleichzeitiger Verbesserung seines Aussagewertes wird die überbetriebliche Ermittlung der Kennziffern des Mechanisierungs- und Automatisierungsgrades der Produktion, ausgedrückt in der Erzeugnismenge, nur für volkswirtschaftlich wichtige Produktionsprozesse für erforderlich gehalten. Die Ermittlung von überbetrieblichen Kennziffern des Mechanisierungs- und Automatisierungsgrades der Produktion für volkswirtschaftlich wichtige Produktionsprozesse (Kohleproduktion, Roheisen- und Rohstahlgewinnung, Zementerzeugung u. ä.) ermöglicht, daß eine gesonderte Umrechnung der mengenmäßigen Erzeugnismenge für die mechanisierten und automatisierten Produktionsprozesse mittels Äquivalenzziffern unterbleiben kann. Dadurch werden Fehlerquellen, die sich leicht aus der Anwendung von Äquivalenzziffern ergeben können, verhindert und umfangreiche Kosten für die statistische Erfassung, Aufbereitung und Auswertung eingespart.

Nach welchen Methoden können in Form von überbetrieblichen Kennziffern der Nutzeffekt der Mechanisierung und Automatisierung ermittelt werden? Der Steigerungsgrad der Arbeitsproduktivität als wichtiger Index des ökonomischen Nutzeffekts der Mechanisierung und Automatisierung kann für jeden Industriezweig in eingesparter Arbeitszeit bzw. in der Anzahl von freigestellten Arbeitskräften ausgedrückt werden. Ohne gesonderte Berücksichtigung der Steigerung der Arbeitsproduktivität infolge Mechanisierung und Automatisierung betrug dieser für die Industriebetriebe in den Jahren des ersten Fünfjahrplanes je Produktionsarbeiter 154,8 Prozent (Jahr 1950 = 100). Die Steigerung der Arbeitsproduktivität entspricht in diesem Zeitraum einer Freistellung von ca. 704000 Arbeitskräften.[1])

Jahr	Arbeitsproduktivität je Produktionsarbeiter		Durch Steigerung der Arbeitsproduktivität freigestellte Anzahl von Produktionsarbeitern in Tsd.
	Index (1950 = 100)	jährliche Wachstumsquote	
1951	112,0	12,0	163
1952	124,2	11,0	163
1953	135,8	9,3	149
1954	144,9	6,7	111
1955	154,8	6,8	118

Die zeitliche Veränderung der Arbeitsproduktivität wurde in der Periode des ersten Fünfjahrplanes in den Industriebetrieben entsprechend der Methodik der Planung mittels eines variablen Indexes gemessen. Die Formel hierzu lautet:

a) Erzeugnismenge je tatsächlich geleisteter Arbeitsstunde der Produktionsarbeiter

$$JAP = \left(\frac{\varepsilon\, q^n p}{\varepsilon\, At^n} : \frac{\varepsilon\, q^\circ p}{\varepsilon\, At^\circ}\right) \cdot 100 = \left(\frac{\varepsilon\, q^n p \cdot At^\circ}{\varepsilon\, At^n \cdot q^\circ p}\right) \cdot 100$$

b) Erzeugnismenge je Produktionsarbeiter

$$JAP = \left(\frac{\varepsilon\, q^n p}{\varepsilon\, Ak^n} : \frac{\varepsilon\, q^\circ p}{\varepsilon\, Ak^\circ}\right) \cdot 100 = \left(\frac{\varepsilon\, q^n p \cdot Ak^\circ}{\varepsilon\, Ak^n \cdot q^\circ p}\right) \cdot 100$$

p = Meßwert als Äquivalenzziffer

Die Kennziffer des ökonomischen Nutzeffekts der Mechanisierung und Automatisierung, ausgedrückt in der Arbeitskräftezahl, ist für einen bestimmten Industriezweig in der Form zu berechnen, daß von der Anzahl der Arbeitskräfte insgesamt, die durch die Steigerung der Arbeitsproduktivität freigestellt wurden, die Anzahl der durch Mechanisierung und Automatisierung der Produktion freigestellten Arbeitskräfte abgesetzt wird.

[1]) Nach Unterlagen der Staatlichen Zentralverwaltung für Statistik.

Anzahl der durch Steigerung der Arbeitsproduktivität freigestellten Arbeitskräfte insgesamt . . . . 5000 Personen

Anzahl der infolge Mechanisierung und Automatisierung freigestellen Arbeitskräfte . . . . 500 Personen

Entsprechend diesen Kennziffern sind 10 Prozent der Steigerung der Arbeitsproduktivität infolge Mechanisierung und Automatisierung der Produktion und 90 Prozent durch andere Faktoren (Verbesserung der Organisation der Arbeit, rationellere Ausnutzung des Arbeitstages usw.) zurückzuführen.

Die Anzahl der in den Betrieben der Industriezweige infolge Mechanisierung und Automatisierung freigestellten Arbeitskräfte kann nach bestimmten Gesichtspunkten gruppiert werden, z. B. nach der Zahl der Arbeitskräfte, die in den Betrieben des gleichen Industriezweiges weiter beschäftigt wurde, die in Betriebe anderer Industrie- oder Wirtschaftszweige umgesetzt wurde, die infolge Erreichung der Altersgrenze oder durch andere Ursachen den Arbeitsvertrag kündigte. Dadurch wird eine Übersicht über den weiteren Einsatz bzw. Verbleib der Anzahl der infolge Mechanisierung und Automatisierung freigestellten Arbeitskräfte im volkswirtschaftlichen Maßstab gewährleistet. Für die zwischen zwei Zeiträumen infolge Mechanisierung und Automatisierung der Produktion eingesparte Arbeitszeit bzw. freigestellte Anzahl von Arbeitskräften ist folgende Berechnung anzuwenden:

$$JeMt = \frac{eMt^n}{eMt^\circ} \cdot 100 \qquad JeAt = \frac{eAt^n}{eAt^\circ} \cdot 100$$

eMt = eingesparte Arbeitszeit infolge Mechanisierung
eAt = eingesparte Arbeitszeit infolge Automatisierung

$$JfMk = \frac{fMk^n}{fMk^\circ} \cdot 100 \qquad JfAk = \frac{fAk^n}{fAk^\circ} \cdot 100$$

fMk = freigestellte Anzahl von Arbeitskräften infolge Mechanisierung
fAk = freigestellt Anzahl von Arbeitskräften infolge Automatisierung

Diese Indizes können je nach Bedarf auch gesondert für die durch Mechanisierung und Automatisierung freigestellte Anzahl von Arbeitskräften, die in den Betrieben eines Industriezweiges verbleiben, die aus den Betrieben eines Industriezweiges ausscheiden usw., berechnet werden.

Die derzeitigen Methoden der überbetrieblichen Messung der Arbeitsproduktivität ermöglichen den Hauptverwaltungen und Ministerien, auch die Kennziffer der Arbeitsproduktivität: Erzeugnismenge in unveränderlichen Planpreisen je tatsächlich geleisteter Arbeitsstunde der Produktionsarbeiter zu ermitteln. Diese Kennziffer bringt den Wirkungsgrad der lebendigen Arbeit während der tatsächlich geleisteten Arbeitszeit der Produktionsarbeiter zum Ausdruck. Wird nun von der eingesparten Arbeitszeitmenge auf Grund der Steigerung der Arbeitsproduktivität für einen bestimmten Zeitraum die infolge Mechanisierung und Automatisierung eingesparte Arbeitszeitmenge abgesetzt, so ergibt die Differenz die Einsparung an

Arbeitszeit, die durch anderweitige Faktoren der Produktivitätssteigerung erzielt wurde.

Während eines Jahres infolge Steigerung der Arbeitsproduktivität eingesparte Arbeitszeit insgesamt . . . . 100000 Stunden

Im gleichen Zeitraum infolge Mechanisierung und Automatisierung eingesparte Arbeitszeit . . . . 40000 Stunden

Der Anteil der infolge Mechanisierung und Automatisierung eingesparten Arbeitsstunden an der durch Steigerung der Arbeitsproduktivität insgesamt eingesparten Arbeitsstunden beträgt also 40 Prozent.

Bei der Ermittlung von überbetrieblichen Kennziffern des ökonomischen Nutzeffekts der Mechanisierung und Automatisierung ist der Methode der Vorzug zu geben, die von der Arbeitskräfte- (physische Personen) und nicht von der Arbeitsstundenzahl ausgeht, da mit den Kennziffern auf der Grundlage der Arbeitskräftezahl den Organen für die regionale Arbeitskräftelenkung, ohne weitere Umrechnungen notwendig zu machen, wichtige Anhaltspunkte über die Veränderungen im Arbeitskräfteeinsatz vermittelt werden.

Welche Möglichkeiten bestehen gegenwärtig zur Ermittlung von überbetrieblichen Kennziffern des ökonomischen Nutzeffekts der Mechanisierung und Automatisierung, ausgedrückt in den Lohnkosten bzw. den Selbstkosten? Als zweckmäßiger Weg wird die Aufbereitung der infolge Mechanisierung und Automatisierung eingesparten Lohnkosten für die Betriebe der einzelnen Hauptverwaltungen und Ministerien nach der bereits auf den Seiten 86 bis 91 dargestellten Methode angesehen. Auch die Berechnung des Indexes der infolge Mechanisierung und Automatisierung eingesparten Lohnkosten könnte nach der bereits bekannten Methode erfolgen. Der Selbstkostenindex wird in den volkseigenen Industriebetrieben nur für die vergleichbare Warenproduktion schlechthin ermittelt. Demzufolge besteht kein Zusammenhang und somit auch keine Vergleichbarkeit zwischen den Kennziffern der infolge Mechanisierung und Automatisierung eingesparten Lohnkosten, die für die gesamte und nicht nur für die zum Absatz bestimmte Erzeugnismenge der einzelnen mechanisierten und automatisierten Fertigungsprozesse der Betriebsabteilungen, Betriebe und Industriezweige berechnet werden. Der gegenwärtig in der betrieblichen Praxis ermittelte Selbstkostenindex ist also nicht brauchbar, um den Anteil der eingesparten Lohnkosten infolge Mechanisierung und Automatisierung an der Selbstkostensenkung insgesamt festzustellen. Um entsprechend der Methodik zur Berechnung der eingesparten Lohnkosten infolge Mechanisierung und Automatisierung der Produktion einen Selbstkostenindex ermitteln zu können, müßte eine wesentliche Verbesserung und Verfeinerung der Kennziffern im betrieblichen Rechnungswesen erfolgen. Nach dem gegenwärtigen Stand der Mechanisierung der betrieblichen Abrechnungsarbeiten wäre die Verwirklichung dieser Aufgabe im allgemeinen nur durch Einstellung von zusätzlichen Verwaltungsangestellten möglich, was den Beschlüssen der Partei und Regierung nicht entsprechen würde.

Damit die leitenden Wirtschaftsorgane wirkungsvolle Maßnahmen zur Erhöhung des ökonomischen Nutzeffekts der Mechanisierung und Automatisierung einleiten könnten, müßte der Umfang der Auswirkung der Mechanisierung und Automatisierung auf bestimmte Faktoren des Arbeitsprozesses bekannt sein. Zu diesen Faktoren gehören u. a. die Erhöhung der Qualifikation der Arbeitskräfte, deren Kenntnis eine bedarfsgerechte Ausbildung von technisch-wissenschaftlichen Fachkräften an Fach- und Hochschulen ermöglicht; die Erleichterung der Arbeit für die Werktätigen durch die Ausschaltung bzw. Reduzierung von körperlich schweren und gleichförmigen Arbeitsverrichtungen; die Verbesserung der Arbeitsbedingungen, z. B. der Betriebshygiene, der Temperatur u. ä.; die Abnahme der Betriebsunfälle und Berufskrankheiten; die bessere Auslastung der Produktionskapazitäten; die Verkürzung der Fertigungszeiten; die qualitative Verbesserung der Erzeugnisse; die Senkung der Ausschußproduktion u. ä. m. Die überbetriebliche Ermittlung der zeitlichen Veränderung von statistischen Daten, in denen sich diese Faktoren widerspiegeln, kann von den Hauptverwaltungen und Ministerien vor allem durch repräsentative Methoden, die zeit- und kostensparend sind, in den ihnen unterstehenden Betrieben organisiert werden. Auf dem Wege der Ermittlung, Aufbereitung und Auswertung dieser wichtigen Kennziffern des ökonomischen Nutzeffekts der Mechanisierung und Automatisierung erhalten die Hauptverwaltungen und Ministerien die erforderlichen Arbeitsunterlagen, die für die Festlegung der Richtung in der weiteren Mechanisierung und Automatisierung der Betriebe zugrunde zu legen sind. So können unzweckmäßige Investitionen verhindert und damit ein wichtiger Beitrag zum Aufschwung der Volkswirtschaft und zur Verbesserung der Lage der Werktätigen geleistet werden.

In engem Zusammenhang mit der Analyse von Kennziffern des ökonomischen Nutzeffekts der Mechanisierung und Automatisierung steht die Ermittlung des Bestandes, der Leistungsfähigkeit und der Auslastung von Maschinen. Die überbetriebliche Kenntnis der Anzahl, der Leistungsfähigkeit und der Auslastung der wichtigsten für die Produktion vorhandenen und der neu für die Produktion eingesetzten Maschinen, der Einführung neuer Fertigungs- und Herstellungsverfahren und der neu in die Produktion aufgenommenen Erzeugnisse hat ebenfalls eine bedeutende Aussagekraft über den Stand der Einführung der neuen Technik. Den Bestand und die neu in der Produktion eingesetzten Produktionsinstrumente gilt es, im Zuge der statistischen Ermittlung in der Richtung zu gruppieren, daß die verschiedenen Arten der Antriebskraft (menschliche Arbeitskraft, Tierkraft, Wind, Wasser, Dampf, Elektrizität usw.) erkennbar werden. Hierbei sind auch diejenigen Produktionsinstrumente anzahlmäßig und mit der Veränderung ihrer Leistungsfähigkeit zu erfassen, die während eines bestimmten Zeitraumes modernisiert wurden.

In der Berichterstattung des Jahres 1957 werden nur in wenigen Industriezweigen Kennziffern über den Bestand, die Leistungsfähigkeit und die Auslastung von Produktionsinstrumenten festgestellt. Eine periodische Abrechnung bestimmter Kennziffern erfolgt z. B. im Braunkohlenbergbau (Bestand, Leistungsfähigkeit und Auslastung von Baggern, Absetzern u. ä.) sowie in der Bauindustrie. Eine erfolgreiche Arbeit auf diesem Gebiet haben vor allem die sowjetischen Statistiker geleistet, die im volkswirtschaftlichen Maßstab sogar Kenntnis über die Anzahl der Produktionsinstrumente, die z. B. zum Einbau in automatische Taktstraßen geeignet sind, haben.[1]) In unserer Volkswirtschaft könnten bei der verstärkten Einführung der modernen Technik erhebliche Mittel eingespart werden, wenn die Modernisierung des vorhandenen Bestandes an Produktionsinstrumenten planmäßig organisiert würde.

[1]) WILENSKI, M., Sorgen und Zweifel. Die Westpresse über Probleme der Automatisierung der Produktion. In: „Die Presse der Sowjetunion", Heft 74, 1956, S. 1747.

SCHLUSS

Die den Werktätigen der Deutschen Demokratischen Republik im zweiten Fünfjahrplan gestellten Aufgaben erfordern große Anstrengungen der Arbeiter, Ingenieure, Techniker und Wissenschaftler zur Steigerung der gesellschaftlichen Arbeitsproduktivität. Alle vorhandenen Reserven in der Volkswirtschaft sind aufzudecken und auszunutzen, damit die Volkswirtschaftspläne mit geringsten Aufwand an Arbeit, Material und Geld erfüllt und übererfüllt werden.

Die erfolgreiche Verwirklichung der Ziele des zweiten Fünfjahrplanes wird zu einer beschleunigten Entwicklung der gesellschaftlichen Produktivkräfte führen, die ihren Ausdruck vor allem in der beginnenden industriellen Umwälzung finden wird. Die Anstrengungen der Werktätigen müssen sich besser als bisher auf die Anwendung der modernen Technik konzentrieren. Auf dem Wege der Modernisierung und Neukonstruktion sind die Leistungsfähigkeit, die Betriebszuverlässigkeit und die Wirtschaftlichkeit der Produktionsinstrumente zu erhöhen, die Mechanisierung und Automatisierung von technologischen Prozessen verstärkt einzuführen und neue, verbesserte Be- und Verarbeitungsverfahren in der Produktion umfassend anzuwenden.

Es wurde mehrfach herausgestellt, welche Bedeutung die Statistik in Hinsicht auf die Einführung der modernen Technik in der Produktion hat. Die Statistik unterstützt die Werktätigen bei der Aufdeckung von Reserven im Arbeitsprozeß und vermittelt Kenntnis über Engpässe und Fehlerquellen des Produktionsablaufs. Werden die statistischen Ergebnisse anschaulich dargestellt, spornen sie die Werktätigen zu vorbildlichen Arbeitsergebnissen an.

Die in der Arbeit vorgeschlagenen Methoden der Ermittlung von Kennziffern des Mechanisierungs- und Automatisierungsgrades sowie des ökonomischen Nutzeffekts der Mechanisierung und Automatisierung können nur schrittweise in den Betrieben und Industriezweigen eingeführt werden. Sie müssen den konkreten Produktionsbedingungen in den Betrieben der einzelnen Industriezweige weitgehend angepaßt werden. Zu diesem Zweck sind besondere Richtlinien für jeden Industriezweig über die Ermittlung von Kennziffern des Mechanisierungs- und Automatisierungsgrades sowie des ökonomischen Nutzeffekts der Mechanisierung und Automatisierung zu geben. Die Ausarbeitung dieser Richtlinien für die Betriebe der einzelnen Industriezweige wird hauptsächlich im Rahmen von Expertenkommissionen, die sich aus Technikern, Wissenschaftlern und erfahrenen Praktikern zusammensetzen, erfolgreich sein. In den Expertenkommissionen gilt es, die aus einzelnen Betrieben bereits vorliegenden positiven Ergebnisse auf diesem Gebiet auszuwerten. Die ausgearbeiteten Richtlinien sind vor der verbindlichen Einführung probeweise in einigen Betrieben auf ihre Verwendbarkeit hin zu überprüfen, damit auf Grund der dabei gesammelten Erfahrungen weitere Verbesserungen und Vereinfachungen eingeleitet werden können. Von dem erfolgreichen Abschluß dieser Vorbereitungsarbeiten wird auch der Zeitpunkt für die verbindliche Einbeziehung von Kennziffern des Mechanisierungs- und Automatisierungsgrades in die Betriebs- und Volkswirtschaftsplanung abhängen. In diesem Zusammenhang gewinnt besonders der Erfahrungsaustausch der einzelnen Expertenkommissionen große Bedeutung.

Wichtige Aufgaben für die Ermittlung von Kennziffern des Mechanisierungs- und Automatisierungsgrades sowie des ökonomischen Nutzeffekts der Mechanisierung und Automatisierung bestehen in bezug auf die Darstellung ihrer zeitlichen Vergleichbarkeit und der Vergleichbarkeit mit anderen betrieblichen und überbetrieblichen ökonomisch wichtigen Kennziffern. Auf diesem Wege wird es möglich, aussagekräftige Analysen über die Ursachen und die Auswirkungen der Veränderung von bestimmten Kennziffern anzufertigen. Gleichzeitig muß die Aussagekraft der Kennziffern den Werktätigen verständlich sein, damit sie angespornt werden, für die Erhöhung des ökonomischen Nutzeffekts der Mechanisierung und Automatisierung zu kämpfen. Erst unter dieser Voraussetzung haben die Kennziffern des Mechanisierungs- und Automatisierungsgrades sowie des ökonomischen Nutzeffekts der Mechanisierung und Automatisierung eine mobilisierende Wirkung an den Arbeitsplätzen, in den Produktionsberatungen und im sozialistischen Wettbewerb.

Eine wesentliche Forderung für die Ermittlung von Kennziffern des Mechanisierungs- und Automatisierungsgrades sowie des ökonomischen Nutzeffekts der Mechanisierung und Automatisierung besteht auch in der Verbesserung der Arbeitsweise des statistisch-technischen Apparates in den Betrieben, Hauptverwaltungen und Ministerien. Vor allem ist die Produktion von Lochkarten-Maschinen und Elektroneneinrichtungen, die für statistische Aufbereitungsarbeiten geeignet sind, aufzunehmen bzw. beschleunigt zu erweitern.

Die Organisierung und ständige Verbesserung der statistischen Ermittlung, Aufbereitung und Auswertung von Kennziffern über den Stand und die zeitliche Veränderung der Mechanisierung und Automatisierung sowie des ökonomischen Nutzeffekts ist ein wichtiger Beitrag zur Verbesserung der Rentabilität der sozialistischen Betriebe und damit gleichzeitig ein Beitrag zur Festigung der ökonomischen Basis unseres Arbeiter- und Bauernstaates.

LITERATURVERZEICHNIS

1. MARX, Karl, Das Kapital. Dietz Verlag, Berlin, Bd. I, II, 1955, Bd. III, 1956.

2. Ленин, В. И., Сочинения. (LENIN, W. I., Werke), Государственное издательство политической литературы, 1951.

3. SAWINSKI, D. W., Lehrbuch der Industriestatistik. Verlag Die Wirtschaft, Berlin 1956.

4. PETROW, A. I., Grundriß der Wirtschaftsstatistik. Verlag Die Wirtschaft, Berlin 1954.

5. SIROTIN, M., SCHAFRANSKI, W., Die Planung der Mechanisierung in der sowjetischen Industrie. Verlag Die Wirtschaft, Berlin 1956.

6. ULBRICHT, W., Protokoll der Verhandlungen der 3. Parteikonferenz der SED. Dietz Verlag, Berlin 1956.

7. ULBRICHT, W., Grundfragen der ökonomischen und politischen Entwicklung in der Deutschen Demokratischen Republik. Dietz Verlag, Berlin 1957.

8. SELBMANN, Fritz, ZILLER, Gerhard, Die neue Epoche der technischen Entwicklung. Dietz Verlag, Berlin 1956.

9. BEHRENS, Fritz, Die Arbeitsproduktivität. Zweite erweiterte Auflage, Leipzig 1953.

10. RICHTER, Gerhard, Grundfragen der Messung der Arbeitsproduktivität. Diskussionsbeiträge zu Wirtschaftsfragen, Heft 4, 1953.

11. FRANKE, Albert, Die Messung der betrieblichen Arbeitsproduktivität. Deutscher Zentralverlag, Berlin 1956.

12. RYSHOW, J., Die statistische Erfassung des Mechanisierungsgrades in der Industrie und im Bauwesen der Sowjetunion. „Statistische Praxis", Heft 12, 1952.

13. BEGIDSHANOW, M., Technische Arbeitsnormung und Einführung fortschrittlicher Normen. Kleine Bücherei. Verlag Kultur und Fortschritt, Berlin 1951, Heft 14.

14. VERNER, P., Zu Theorien über die „zweite industrielle Revolution" und die Interessen der Arbeiterklasse in Westdeutschland. „Einheit", Heft 6, 1956.

15. KLIMENKO, K., RAKOWSKI, M., Technisch-ökonomische Probleme der Automatisierung der Produktion in der UdSSR. „Die Presse der Sowjetunion", Heft 147, 1956.

16. KLIMENKO, K., RAKOWSKI, M., Die Ökonomie der Automatisierung. „Die Wirtschaft", Nr. 2, 1957.

17. DERBISCHER, A., Zwei Richtungen in der Automatik. „Presse der Sowjetunion", Heft 35, 1956.

18. WILENSKI, M., Sorgen und Zweifel. Die Westpresse über Probleme der Automatisierung der Produktion. „Die Presse der Sowjetunion", Heft 74, 1956.

19. MELNIKOW, D., Die Kehrseite des westdeutschen „Wirtschaftswunders". „Neue Zeit", Heft 32, 1956.

20. SWORYKIN, A., Automatisierung und Arbeiterklasse. „Neue Zeit", Heft 37, 1956.

21. TSCHARICHOW, L. A., Die Automatik in der Metallurgie. „Die Arbeit", Heft 6, 1956.

22. SCHÖBEL, M., Probleme der Mechanisierung und Automatisierung bei der Entwicklung neuer Werkzeugmaschinen. „Die Arbeit", Heft 11, 1956.

23. MACHER, F., Probleme der Berufsausbildung und Arbeitskräftelenkung. „Die Arbeit", Heft 10, 1956.

24. LEHMANN, O., Über Fragen der Arbeitsproduktivität und des Arbeitslohnes. „Die Arbeit", Heft 10, 1956.

25. LIPPOLD, G., Die „Freiheit" der Ausbeutung. „Neues Deutschland", 9. Februar 1957.

26. LICHTENTHAL, M., Automatisierung, Schlüssel zum Kommunismus — Zündstoff im Imperialismus. „Neues Deutschland", 28. Februar 1956.

27. GOLDSTEIN, W., Im Streikhauptquartier in Coventry. „Wochenpost", Nr. 20, 1956.

28. POLLOCK, F., Automation in USA. Frankfurter Beiträge zur Soziologie. Frankfurt a. M., 1955, Bd. 1.

29. SCHNEIDER-LANDMANN, H., Die sozialen Folgen der Automation. „Der Volkswirt", „Wirtschafts- und Finanzzeitung", Frankfurt a. M., Heft 33, 1956.

30. WEBER, H., Mensch und Automation. „Melliand", Nr. 10, 1956.

31. STREHL, R., Die Roboter sind unter uns. Oldenburg 1952.

32. DE BIVORT, H., Die Automation und ihre sozialen Konsequenzen. „Bundesarbeitsblatt", Heft 20, 1956.

33. BERIÉ, H., Gedanken zur Automation. „Bundesarbeitsblatt", Heft 20, 1956.

34. STURMTHAL, A., Möglichkeiten und Gefahren der Automatisierung. „Gewerkschaftliche Monatshefte", Juli 1956.

35. PIETSCH, M., Automatisierung in Planung und Durchführung unter besonderer Berücksichtigung der Fertigung. Vortrag auf der 10. Deutschen Betriebswirtschaftlertagung in Westberlin, September 1956.

36. PASS, R. A., An der Wende des industriellen Zeitalters. „Vorwärts", 1. Mai-Ausgabe vom 27. April 1956.

37. RATZEL, L., Eine große Aufgabe der Nation: Mehr Ingenieure und Techniker. „Vorwärts", 1. Mai-Ausgabe vom 27. April 1956.

38. BERG: Nicht dramatisieren, „Keine zweite Revolution". „Die Welt", 5. Oktober 1956.

39. Politische Ökonomie (Lehrbuch). Dietz Verlag, Berlin 1955.

40. Statistisches Jahrbuch der Deutschen Demokratischen Republik. Deutscher Zentralverlag, Berlin 1956.

41. Richtlinien zur Industrieberichterstattung für die volkseigene und ihr gleichgestellte Industrie im Jahre 1958. Planteil Arbeitskräfte. Herausgegeben von der Staatlichen Zentralverwaltung für Statistik.

42. Direktive der 3. Parteikonferenz der Sozialistischen Einheitspartei Deutschlands für den zweiten Fünfjahrplan zur Entwicklung der Volkswirtschaft in der Deutschen Demokratischen Republik 1956 bis 1960. „Neues Deutschland", 1. April 1956.

43. Arbeiterklasse und technische Entwicklung. „Neues Deutschland", 28. Dezember 1956.

44. Handwerkssterben. „Neues Deutschland", 16. Februar 1957.

45. Electronics and Everyman. Urwick Orr and Partners, Ltd., London, Juni 1955.

46. Der Volkswirt. Wochenspiegel für die Zeit vom 10. bis 16. August 1956. „Wirtschafts- und Finanzzeitung", Frankfurt a. M., Heft 33, 1956.

47. „Wirtschaft und Statistik." W. Kohlhammer Verlag, Stuttgart, Heft 5, 1955.

www.ingramcontent.com/pod-product-compliance
Lightning Source LLC
LaVergne TN
LVHW060621300926
849162LV00008B/1670